Hans Küng

Wozu Weltethos?

HERDER spektrum

Band 5227

Das Buch:
Globalisierung hat zwei Gesichter. Die Welt wird eins, im Guten wie im Bösen. Wirtschaft und Politik sind starke Kräfte der Globalisierung, der Konzentration und Fusion. Der ökonomische Nutzen wird von vielen beschworen. Aber auch die Konflikte und Probleme sind nicht mehr isolierbar. Je enger und intensiver wir miteinander kommunizieren und je schneller Kulturräume übersprungen werden, desto dringender wird die Frage nach dem einigenden Band, nach dem gemeinsamen Fundament, nach verbindlichen gemeinsamen ethischen Leitlinien. Der Tübinger Theologe Hans Küng weist mit seinem Programm Weltethos seit zwei Jahrzehnten in die richtige Richtung. Seine Thesen wie „Kein Weltfriede ohne Religionsfriede" oder „Keine neue Weltordnung ohne einen Weltethos" haben weltweit breites Interesse gefunden. Im derzeitig drohenden Konflikt der Religionen und Kulturen sind seine Anfragen brisant geworden: Aber wie kann eine Kultur der Toleranz, ein Leben in Wahrhaftigkeit, eine weltweite Kultur der Gewaltlosigkeit wirklich erreicht werden? Bieten die großen Weltreligionen den brauchbaren Transportriemen für ein Kultur und Religion übergreifendes ethisches Grundkonzept? Erleben wir nicht, dass Fanatismus, Aggression und Fremdenfeindlichkeit, Ängste vor dem Unbekannten in dem Maße wachsen wie auf intellektueller Ebene über Annäherung und Kooperation gesprochen werden kann? Was können die Weltreligionen in der Krise der Weltwirtschaft, der Weltökologie und der Weltpolitik tatsächlich leisten? Jürgen Hoeren zeichnet in dem sehr persönlichen und engagierten Gespräch mit dem Tübinger Theologen den Entstehungsweg der Idee Weltethos nach, fragt nach dem Ist-Stand und den geplanten Schritten in die Zukunft. Die sehr persönliche Bilanz eines großen Theologen und einflussreichen Denkers unserer Zeit.

Die Autoren:
Hans Küng, geb. 1928 in Sursee/CH, Dr. theol., Drs. h.c. mult., em. Profesor für Ökumenische Theologie und Direktor des Instituts für ökumenische Forschung der Universität Tübingen. Internationale Gastprofessuren. Weltweite Gastvorlesungen an verschiedenen Universitäten in Europa, Amerika, Afrika, Asien und Australien. Zahlreiche Buchveröffentlichungen. Präsident der Stiftung Weltethos, deren Grundgedanken er international auf höchster Ebene verbreitet. Mitglied des PEN-Zentrums. Lebt in Tübingen.

Jürgen Hoeren M.A., Ressortleiter Kulturelles Wort/Aktuelle Kultur beim SWR2, Baden-Baden. Gesprächsbände bei Herder Spektrum: Karl Lehmann, Es ist Zeit von Gott zu reden; Eugen Drewermann, Wozu Religion?; Eugen Drewermann, Krieg ist Krankheit, keine Lösung.

Hans Küng

Wozu Weltethos?

Religion und Ethik in Zeiten der Globalisierung

Im Gespräch mit Jürgen Hoeren

HERDER

FREIBURG · BASEL · WIEN

Gedruckt auf umweltfreundlichem,
chlorfrei gebleichtem Papier

Alle Rechte vorbehalten – Printed in Germany
© Verlag Herder Freiburg im Breisgau 2002
www.herder.de
Satz: Barbara Herrmann, Freiburg
Druck und Bindung: fgb · freiburger graphische betriebe 2002
www.fgb.de
Umschlaggestaltung und Konzeption:
R·M·E München / Roland Eschlbeck, Liana Tuchel
Umschlagmotiv: Imagebank
ISBN: 3-451-05227-X

Inhalt

Statt eines Vorwortes

Statement vor der Vollversammlung der Vereinten Nationen

Viele Menschen fragen sich angesichts der heutigen Irrungen und Wirrungen: Wird das 21. Jahrhundert wirklich besser sein als das 20. Jahrhundert voll von Gewalt und Kriegen? Werden wir eine neue Weltordnung, eine bessere Weltordnung wirklich erreichen? Im 20. Jahrhundert verpassten wir drei Chancen für eine neue Weltordnung:

– 1918 nach dem Ersten Weltkrieg wegen der europäischen „Realpolitik",
– 1945 nach dem Zweiten Weltkrieg wegen des Stalinismus,
– 1989 nach der deutschen Wiedervereinigung und dem Golfkrieg wegen eines Mangels an Vision.

Wir legen eine solche Vision eines neuen Paradigmas internationaler Beziehungen vor, welches auch neue Akteure in der globalen Szene in Betracht zieht.

In unseren Tagen treten die Religionen wieder als Akteure in der Weltpolitik in Erscheinung. Es ist wahr, viel zu oft haben die Religionen im Lauf der Geschichte ihre zerstörerische Seite gezeigt. Sie haben Hass, Feindschaft, Gewalt, ja, Kriege angeregt und legitimiert. Aber in vielen Fällen haben sie Verständigung, Versöhnung, Zusammenarbeit und Frieden angeregt und legitimiert. In den letzten Jahrzehnten sind überall auf der Welt verstärkt Initiativen des interreligiösen Dialogs und der Zusammenarbeit der Religionen entstanden.

In diesem Dialog entdeckten die Religionen der Welt wieder, dass ihre eigenen ethischen Grundaussagen jene säkularen ethischen Werte unterstützen und vertiefen, die in der Allgemeinen Erklärung der Menschenrechte enthalten sind. Auf dem Parlament der Weltreligionen 1993 in Chicago erklärten über 200 Vertreter und Vertreterinnen aus allen Weltreligionen zum ersten Mal in der Geschichte ihren Konsens über einige gemeinsame ethische Werte, Standards und Haltungen als Basis für ein Weltethos, die dann in den Bericht unserer Expertengruppe für den Generalsekretär und die Vollversammlung der Vereinten Nationen aufgenommen wurden. Was ist denn die Basis für ein Weltethos, wie es Menschen aus allen großen Religionen und ethischen Traditionen teilen können?

Erstens das Prinzip der Menschlichkeit: „Jeder Mensch – ob Mann oder Frau, weiß oder farbig, reich oder arm, jung oder alt – muss menschlich behandelt werden". Noch deutlicher ausgedrückt ist dies in der „Goldenen Regel" der Gegenseitigkeit: „Was du nicht willst, das man dir tut, das füge auch keinem anderen zu." Diese Prinzipien werden in vier zentralen Lebensbereichen entfaltet und rufen jeden Menschen, jede Institution und jede Nation dazu auf, ihre Verantwortung wahrzunehmen:

– für eine Kultur der Gewaltlosigkeit und der Ehrfurcht vor allem Leben,
– für eine Kultur der Solidarität und eine gerechte Wirtschaftsordnung,
– für eine Kultur der Toleranz und ein Leben in Wahrhaftigkeit,
– für eine Kultur der Gleichberechtigung und die Partnerschaft von Mann und Frau.

Gerade im Zeitalter der Globalisierung ist ein solch globales Ethos absolut notwendig. Denn die Globalisierung von Wirtschaft, Technologie und Kommunikation führt auch zu einer Globalisierung von Problemen auf der ganzen Welt, die uns zu überwältigen drohen: Probleme im Umweltbereich, der Atomtechnologie und der Gentechnologie, aber auch im globalisierten Verbrechen und Terrorismus. In einer solchen Zeit ist es dringend nötig, dass die Globalisierung von Wirtschaft, Technologie und Kommunikation von einer Globalisierung des Ethos unterstützt wird. Mit anderen Worten: Die Gloablisierung braucht ein globales Ethos, nicht als zusätzliche Last, sondern als Grundlage und Hilfe für die Menschen, für die Zivilgesellschaft.

Einige Politologen sagen für das 21. Jahrhundert einen „Zusammenprall der Kulturen" voraus. Dagegen setzen wir unsere anders geartete Zukunftsvision; nicht einfach ein optimistisches Ideal, sondern eine realistische Hoffnungsvision: Die Religionen und Kulturen der Welt, im Zusammenspiel mit allen Menschen guten Willens, können einen solchen Zusammenprall vermeiden helfen, vorausgesetzt, sie verwirklichen die folgenden Einsichten:

Kein Friede unter den Nationen ohne Frieden unter den Religionen.

Kein Friede unter den Religionen ohne Dialog zwischen den Religionen.

Kein Dialog zwischen den Religionen ohne globale ethische Standards.

Kein Überleben unseres Globus in Frieden und Gerechtigkeit ohne ein neues Paradigma internationaler Beziehungen auf der Grundlage globaler ethischer Standards.

New York, 9. November 2001   *Hans Küng*

Monopolverlust der Kirchen

Herr Professor Küng, jährlich treten in Deutschland mehrere hunderttausend Menschen aus der evangelischen und katholischen Kirche aus. Gleichzeitig wächst das Interesse an Religion, besonders an den nichtchristlichen Weltreligionen. Stecken die christlichen Konfessionen in einer Krise, während Religion an sich boomt?

Es ist offenkundig: Die Kirchen haben das Monopol auf Religion verloren. Das stimmt in besonderem Maße für Deutschland, wo sich die Amtskirche, die katholische wie die evangelische, gestützt von Staatskirchenrecht und Kirchensteuer allzu selbstherrlich abgekapselt haben. In den ostdeutschen Bundesländern gab es nach der Wende zusätzlich verpasste Chancen: Man hat die neuen Verbindungen mit den „Ungläubigen" zum Teil zu wenig gepflegt, sondern sich gleich wieder auf orthodoxe Positionen und Strukturen zurückgezogen; die Kirche zeigte sich wenig gastfreundlich gegenüber „Andersdenkenden". Aber auch im Westen gab es kaum positive und alternative Vorbilder dafür, wie man es hätte anders machen können.

Auf der anderen Seite ist die gesamte Welt in eine neue Konstellation eingetreten, die auch gut funktionierende Kirchen vor große Probleme stellt: Säkularisierung, Individualisierung, Pluralisierung, Globalisierung. Die großen Weltreligionen sind nicht mehr nur in der Ferne präsent, wo sie früher höchstens auf Reisen zur Kenntnis genommen werden mussten. Sie haben Anhänger in unseren Ländern und sind in unseren Medien ständig präsent. So gibt es jetzt mitten in unserer Gesellschaft ein neues Konglomerat an Religiosität, an Esoterik und verschiedensten neuen religiösen Bewegungen. Ich bezeichne das als eine frei vagabundierende Religiosität, die sich, nachdem sie in den Großkirchen keine Heimat mehr findet, oft ganz willkürlich irgendwo niederlässt. Wenn man Menschen fragt, warum sie zu dieser oder jener religiösen Gruppierung gehören, bekommt man nicht selten zur Antwort: „Ich habe da jemand im Zug kennen gelernt", oder „ich bin durch meinen Freund oder meine Freundin darauf gestoßen", oder „ich habe dieses oder jenes Buch gelesen". Das, woran man heute glaubt und womit man sich religiös beschäftigt, ist von vielen subjektiven Faktoren bestimmt und hängt oft von solchen ganz persönlichen Beziehungen ab.

Warum ist das Christentum in Europa derzeit gerade in einer Krise? Hat das Christentum die Entwicklungen der Neuzeit nicht mitvollzogen?

Eine höchst komplexe Frage – ob ich sie knapp beantworten kann?

Europa hat in der Menschheitsgeschichte, mindestens seit dem Hochmittelalter, in der Entwicklung an der Spitze gestanden. Im frühen Mittelalter war es noch der Islam, der diese Rolle besaß, seither aber immer mehr die vom Christentum geprägte Welt. Nicht von ungefähr spricht man vom christlichen Mittelalter. Europa hat dann aber die *Reformation* durchgemacht, was trotz aller Schwierigkeiten und Spaltungen eine ungeheure Bereicherung für die künftige Entwicklung bedeutete. Dies wird leicht deutlich im Vergleich zum Islam, der keine Reformation kennt, oder im Vergleich zum Judentum, das erst aufgrund der Aufklärung im sogenannten Reformjudentum des 19. Jahrhunderts eine Reformation durchgemacht hat. Das Christentum hat aufgrund dieses doppelten Paradigmenwechsels

Probleme aufgearbeitet, die im Islam oder in den anderen großen Religionen zumindest zum Teil noch zur Bewältigung anstehen.

Die *Moderne*, die auch, aber nicht nur ein Produkt der Reformation ist, kommt dann zwar nicht direkt auf diese Religionen zu, wohl aber indirekt als ein Ergebnis der neuen Philosophie, Naturwissenschaft, Gesellschafts- und Staatstheorie, die auch das Christentum zunächst gewaltig erschüttert haben, weil es sich leider weithin gegen alle diese Kräfte gestellt hat. Descartes – der Prototyp des modernen Denkers – war ja kein unreligiöser Mensch. Es wäre sogar denkbar gewesen, dass er dem Christentum bei der Bewältigung seiner Krise geholfen hätte. Kardinal Bérulle hatte ihn bekanntlich geradezu darum gebeten, er möge eine neue universale Philosophie ausarbeiten, die dem Christentum hätte helfen sollen. Galileo Galilei war ebenfalls nicht antikirchlich, aber er ist durch die Inquisition in eine bestimmte Frontstellung hineingetrieben worden, die zu seiner Verurteilung führte. Und viele Ideale der neuen Staatsauffassung waren keineswegs von vornherein antichristlich. Ja, man hätte auch die Parolen „Freiheit, Gleichheit, Brüderlichkeit" als ursprünglich christliche Parolen verstehen können. Es gab auch in der Französischen Revolution im Klerus anfänglich durchaus Tendenzen, diese Ideale vom Christentum her zu interpretieren. So denke ich an eine so große Figur wie Abbé Henri-Baptiste Grégoire, der in der Nationalversammlung unter anderem für eine Erklärung der Menschenpflichten eingetreten ist, neben der Erklärung der Menschenrechte, und dessen Gebeine unter François Mitterand ins Pantheon gebracht wurden! Grégoire war damals Präsident der verfassungsgebenden Versammlung und als Bischof geistiger Führer der sogenannten konstitutionellen Kirche. Aber ein Symptom der ablehnenden katholischen Haltung gegenüber der Revolution bis in die Gegenwart hinein: der Pariser Kardinal Lustiger hat sich geweigert, an der Zeremonie der ehrenvollen Beisetzung Grégoires im Pantheon teilzunehmen.

Das alles heißt, und da komme ich auf die Hauptfrage zurück: Vor allem die katholische, zum Teil auch die protestantische Kirche haben sich im Grunde mit der Moderne nicht richtig abfinden können. Sie haben natürlich zur Kenntnis nehmen müssen, dass die Philosophie, die Naturwissenschaft, die Staatstheorie zunehmend antikirchlich wurden. Das ganze Phänomen des Freimaurertums hatte auf dem europäischen Kontinent, nicht so im angelsächsischen Bereich, auch diese stark antiklerikale Tendenz bekommen. So leiden wir heute in den christlichen Kirchen zum Teil noch unter Problemen, die aus dem 16. Jahrhundert stammen, Probleme der Reformation, die wir nicht bewältigt haben; man denke auch an Priesterehe und konfessionell gemischte Ehen. Aber vor allem leiden wir unter Problemen, die ins 17. und 18. Jahrhundert zurückgehen, Probleme der Moderne also, die wir jetzt erst langsam zu bewältigen versuchen. Das Zweite Vatikanum hat ja versucht, sowohl die Anliegen der Reformation zu realisieren als auch die der Moderne ernst zu nehmen und aufzuarbeiten. Es hat versucht, zwei Paradigmenwechsel auf einmal nachzuvollziehen. Aber wenn man bedenkt, welche Schwierigkeiten wir hatten, auch nur die Volkssprache in der Liturgie oder die Erklärung für die Religionsfreiheit durchzusetzen! Wenn man bedenkt, dass Johannes XXIII. der erste Papst war, der überhaupt die Menschenrechte, die frühere Päpste als Erfindung des Satans empfunden haben, positiv aufgenommen hat, dann versteht man, dass wir bei diesen Fragen in Nachhutgefechten sondergleichen begriffen sind.

Unterdessen aber geht die Entwicklung der Menschheit weiter. Ein Großteil der Menschheit heute ist der Moderne gegenüber sehr skeptisch geworden und in eine *Nach-Moderne* eingetreten. Sie bejaht nicht mehr unbedingt die Vernunft als die absolute Norm. Sie ist skeptisch geworden gegenüber purer Rationalität. Zweifel werden immer deutlicher auch gegenüber dem Fortschritt als einem zweiten Leitbegriff der Moderne. Der Fortschrittsenthusiasmus, der vor dem Ersten Weltkrieg seinen Höhepunkt hatte, ist heute in eine tiefe Krise geraten. Die Menschen sind auch skeptisch geworden gegenüber der Nation, einem dritten Leitbegriff der Moderne. Der Nationalismus ist durch die Europäische Union überwunden worden. Im Grund wäre jetzt die Chance gegeben, die Religion wieder neu zu verlebendigen. Es ist heute in der Tat nicht mehr so viel anti-religiöses Ressentiment vorhanden wie früher, wenn es nicht wieder etwa durch päpstliche Enzykliken künstlich geweckt wird. Ignorieren von Religion ist aus meiner Sicht eher charakteristisch für die Gegenwart: Das Vergessen der Tiefendimension des Menschen, die Konzentration auf das Materielle, womöglich Finanzielle, das ist es, was die Menschen im Westen kennzeichnet. Der Materialismus des Ostens hat heute eine Parallele im Materialismus des Westens. Aber Religiosität an sich wird keineswegs verachtet. Sie wird nur dann, wenn sie in reaktionären Formen auftritt, heftig abgewehrt, ob das nun ein aggressiver Islam ist, wie er von den afghanischen Taliban oder von islamistischen Terroristen vertreten wird, oder ein aggressiver Katholizismus, der meint, er könne in Polen oder anderswo wieder mittelalterliche Verhältnisse heraufführen. Aber noch einmal: Religion hätte heute Chancen. Und als katholischer Theologe, der sich sehr weit in die Sphäre der Säkularität, der Weltpolitik, der Weltwirtschaft hineingewagt hat, darf ich sagen, dass ich überall Gehör finde, ja immer wieder aufgefordert werde, die Positionen von Religion und Glauben darzustellen. Es ist also nicht wahr, dass Religion von vornherein nichts mehr zu sagen hätte. Sondern Religion präsentiert sich oft in einer Form, die für manche uninteressant geworden ist oder aber scharfe Gegenreaktionen auslöst.

Religion ist also gefragt, aber nicht Konfession. Und erst recht kein Konfessionalismus?

Der Konfessionalismus wird de facto nur noch von Kirchenmännern – von Kirchenfrauen können wir ja nach wie vor nicht reden – und von den sie stützenden Hoftheologen aufrechterhalten. Man kann doch nicht mehr im Ernst behaupten, dass heute, wo wir eine so hohe Prozentzahl an Mischehen haben, die Konfession noch eine wesentliche Rolle spielt. Den wenigsten ist bewusst, dass man noch vor wenigen Jahrzehnten versuchte, alle Mischehen zu verhindern und dass konfessionsverschiedene Ehen Familientragödien ausgelöst haben. Was den Menschen heute noch bewusst ist, sind nicht mehr die Unterschiede in der Rechtfertigungslehre, von denen ich schon vor vierzig Jahren darlegte, dass sie überwunden werden können. Es ist auch nicht der Unterschied im Verständnis der Sakramente, wo doch ein ungeheurer Drang in beiden Kirchen spürbar ist, endlich die Eucharistiegemeinschaft herzustellen. Es ist auch nicht die Gemeindeverfassung als solche, wo sich sehr vieles zwischen katholischen und protestantischen Gemeinden angeglichen hat. Was als trennend empfunden wird, ist die autoritäre Amtsstruktur der katholischen Kirche. Das Papsttum in seiner gegenwärtigen Verfassung stellt nach wie vor das große Hindernis dar: nicht einen Fels der Einheit, sondern den großen Block auf dem Weg zur Einheit. Das ist den Menschen bewusst. Es wird davon abhängen, ob es gelingt, in absehbarer Zeit dieses Hindernis des päpstlichen Absolutismus und Infallibilismus aus dem Weg zu räumen. Im Prinzip ist es möglich. Es bräuchte allerdings eine große Anstrengung und vor allem Machtverzicht von Seiten Roms.

Im Grunde heißt das doch: Theologische Differenzierung ist nicht mehr gefragt. Aber Sie haben sich in Ihrer wissen-

15

schaftlichen Laufbahn gerade immer auch mit der theologi-
schen Differenzierung, die Rechtfertigungslehre ist nur ein
Beispiel, auseinandergesetzt. Besteht nicht Gefahr, dass nur
die große Vereinfachung übrig bleibt?

Die theologische Differenzierung ist natürlich nach wie vor
gefragt. Aber es kommt darauf an, wo und wie. Ich habe
immer allergisch reagiert, wenn gerade „politische" Theologen nur plakative Parolen verkünden, wenn sie nicht genügend unterscheiden und unscharfe oder unreflektierte
Begriffe gebrauchen. Differenzierung bleibt eine ganz wesentliche Aufgabe der Theologie. Nur, die Pseudodifferen-
zen in der Lehre, also theologische Unterschiede, die heute
keine mehr sind, müssen nicht einfach ignoriert, sondern
positiv aufgehoben werden. Ein Beispiel: Im Falle der
Rechtfertigung des Sünders ist die positive Botschaft kaum
das, was das Konzil von Trient gegen Luther sagte, das ihn
ja nur halb verstanden hat. In unserer Leistungsgesellschaft
von heute gilt es zu sagen: Der Mensch wird vor Gott nicht
durch seine Leistungen gerechtfertigt. Er wird auch nicht
durch seine Fehlleistungen, durch sein Versagen von vornherein desavouiert. Es kommt letztlich darauf an, dass ich
mein Vertrauen auf meinen Gott und Herrn aufrecht erhal-
te, durch alle Mühseligkeiten und alles Versagen hindurch
und von dort her gewiss bin, einmal einen gnädigen Gott
zu finden. Diese positive Botschaft kann die christliche
Verkündigung deutlich zum Ausdruck bringen mit all
dem, was sie sowohl vom Neuen Testament wie auch von
der ganzen Erfahrung der Kirchengeschichte her weiß.

Wir sollen also das, was uns eint, herausstellen und die
Differenzen hinter uns lassen, die heute keine mehr sind.
Zu diesem Zweck braucht es die Kunst der Differenzie-
rung. Wenn dagegen heute manche Theologen – nach dem
Motto „vom Himmel hoch, da komm ich her" – meinen,
über Phänomene wie Globalisierung so undifferenziert re-

den zu können, wie sie früher über Kapitalismus und Sozialismus geredet haben, dann fordere ich das ein, was Hegel „die Arbeit des Begriffs" genannt hat. Es muss alles von der Empirie her durchdacht sein, es muss klar sein, welche Begriffe wir gebrauchen, warum wir sie gebrauchen, warum wir andere nicht gebrauchen und in welchem Sinne wir sie gebrauchen. Das ist harte Arbeit, und die kann man sich nicht sparen, indem man sie durch Parolen, Slogans und Plakate ersetzt.

Sie selber sind in einzigartiger Weise im Dialog der Weltreligionen engagiert, seit Ihnen 1979 die Lehrerlaubnis entzogen worden ist. Was war die Triebfeder, sich diesem großen Feld zu öffnen, als Theologe, der vorher sehr starke Akzente gesetzt hatte im Dialog der christlichen Traditionen, also zwischen Protestanten und Katholiken?

Der Entzug der kirchlichen Lehrbefugnis hat mir zweifellos gegen den Willen derer, die ihn zu verantworten haben, viel mehr Freiheit und Zeit gegeben, mich den Fragen der Weltreligionen zu öffnen. Aber mich hat das Problem schon seit meiner Studienzeit in Rom von 1948 bis 1955 in hohem Maße interessiert. Ich habe bereits damals an einem Seminar über das Heil außerhalb der Kirchen, über das Heil der „Heiden" teilgenommen. Schon in den fünfziger Jahren ging mein erster kleiner theologischer Entwurf über den „Glauben der Heiden". 1955 war ich zum ersten Mal in Nordafrika, fuhr mit dem Zug von Tunis bis nach Hippo, dem Wirkplatz des Augustin, als in den 50er Jahren nur wenige Theologen den Weg nach Afrika fanden. Ich besuchte damals die Ordensgemeinschaft der Weißen Väter in Karthago und erinnere mich, wie ich mich nachts auf dem Dach der Kathedrale von Karthago mit dem damaligen Provinzial über die Frage unterhalten habe, warum eigentlich das Christentum in Nordafrika, im Islam, gar keine Fortschritte macht. Die Auseinandersetzung darüber und der Dialog mit den Weltreligionen ist also für mich ein altes Anliegen.

Doch habe ich meinen theologischen Lebensweg nicht geplant, hätte ihn auch gar nicht planen können. Ich war ständig mit neuen Herausforderungen konfrontiert. Ich habe sozusagen im Toynbeeschen Schema von „challenge and response" gearbeitet. Ich habe manchmal Publikationspläne zurückgestellt, weil eben dies und das dazwischen kam. Ich wollte schon nach meiner Dissertation über Rechtfertigung zuerst in Paris noch in Philosophie promovieren und hatte ja schon ein fast fertiges Hegel-Manuskript erarbeitet. Das habe ich zurückgestellt, weil ich nach Tübingen berufen und dann Konzilstheologe wurde. Nach den Fragen der christlichen Existenz, der Rechtfertigung des Sünders, die mich in den fünfziger Jahren beschäftigten, waren die sechziger Jahre dann ganz und gar geprägt von den Fragen Konzil, Kirche, Ökumene. Da hatte ich genug zu tun, um alles, was damals auf mich einstürzte, geistig zu bewältigen. Ich habe damals mein Buch über „Die Kirche" (1967) geschrieben, das noch heute als Handbuch vielerorts gebraucht wird, mit Ausnahme dort, wo es verboten wurde. Die siebziger Jahre waren dann den Grundlagen des Christentums gewidmet. Das ergab sich schon daraus, dass 1970 mein Buch „Unfehlbar?" die Frage stellte, ob man denn wirklich auf unfehlbaren Dogmen die Theologie aufbauen könne – gerade wenn sie so problematisch sind, wie etwa das Dogma „außerhalb der Kirche kein Heil". Die drei Bücher „Christ sein", „Existiert Gott?" und „Ewiges Leben?" bilden für mich bis heute die Basis meiner theologischen Arbeit. Ich habe bis heute keine dieser Positionen revidieren müssen. Im Gegenteil. Schon das erste Kapitel von „Christ sein" umschreibt ja einerseits den Horizont der modernen Säkularität und des modernen Atheismus, und andererseits den der Weltreligionen. Das Buch „Existiert Gott?" arbeitet schon den Gottesbegriff der Chinesen sowie die nicht-theistische Religiosität des Buddhismus auf. Das Buch „Ewiges Leben?" bezieht die Eschatologie und andere Aspekte der Weltreligionen ein.

Vor diesem Hintergrund war ich Ende 1979, als der große Streit mit Rom um die Unfehlbarkeit stattfand, schon recht gut vorbereitet auf diese Öffnung zur „Großen Ökumene" hin. Sonst hätte ich es 1982 kaum gewagt, im großen Hörsaal an der Universität Tübingen mit Spezialisten des Islam, des Hinduismus und Buddhismus öffentlich über Grundlagenfragen dieser Religionen zu diskutieren. Das sichere Fundament christlicher Theologie gab mir die Zuversicht, dass mir doch zu all dem, was von den anderen Weltreligionen her auf mich zukommt, eine Antwort einfallen wird. Was ich schon längst grundgelegt hatte, konnte ich in der Folgezeit sehr professionell aufarbeiten. Aus dem Dialog mit meinen Kollegen in Tübingen, dem Indologen Heinrich von Stietencron und dem Islamkundler Josef van Ess, mit dem Göttinger Buddhologen Professor Bechert und der chinesischen Kollegin Julia Ching kam mir dann eigentlich von selbst die Idee des Friedens zwischen den Religionen als Basis des Friedens zwischen den Nationen. Diese Idee wurde schon 1984 formuliert, längst bevor Samuel P. Huntington mit seinem Artikel über den „Clash of Civilizations" auf sich aufmerksam machte. Und da ich bereits 1989, im großen Jahr der Europäischen Revolutionen, sowohl bei der UNESCO über Religionsfrieden und Weltfrieden wie beim Weltwirtschaftsforum in Davos über die Frage „Gemeinsame ethische Standards" gesprochen hatte, war ich gut vorbereitet, im Jahr darauf das „Projekt Weltethos" (1990) zu veröffentlichen. Ich wurde von anderen herausgefordert, über gemeinsame ethische Standards in der heutigen Zeit nachzudenken – und habe versucht, Antworten zu geben.

Außerhalb der Kirche kein Heil?

Mich hat der Titel in einer Ihrer ersten Arbeiten aufmerksam gemacht: „Heil der Heiden". Was ist Ihnen damals bei dieser Arbeit bewusst geworden? Der Begriff „Heide" wird ja heute kaum noch verwandt. War das nicht eigentlich schon eine Fehlleitung der katholischen Theologie, alle Nichtgetauften mit dem Begriff „Heiden" zu belegen?

„Heiden" waren in der Tat einfach die, die primitiv waren, die religiös nur am Rande des Christentums existierten, aber die nun immer mehr in das Bewusstsein der Christenheit eindrangen. Das Axiom „außerhalb der Kirche kein Heil" war verbunden worden mit dem Begriff der „alleinseligmachenden" Kirche, und damit war immer die römisch-katholische Kirche gemeint. Mich bewegte schon als Gymnasiast in Luzern, wo ich mit Protestanten und auch Juden zusammen aufgewachsen bin, die Frage: „Was ist mit denen los?" Man hat uns viele Ausflüchte präsentiert. Und lange Zeit habe ich ja auch einige geglaubt, bis hin zu der schönen Antwort von Karl Rahner, dass auch Juden und Muslime „anonyme Christen" seien, was sie sicherlich nicht sein wollten. Schon in meiner Studienzeit in Rom sah ich mich gezwungen zu überlegen: Was ist eigentlich für den Nichtchristen die Basis seiner Existenz? Ich stieß auf den Begriff des Grundvertrauens, das bei einem Agnostiker ebenso da sein kann wie bei einem Atheisten und das natürlich auch in den anderen Religionen ein Grundphänomen beschreibt. Die sogenannten Heiden sind also nicht einfach Nihilisten, die meinen, es sei ohnehin alles aus nichts und für nichts. Vielmehr lassen auch sie sich in einem Grundvertrauen auf die Wirklichkeit ein, so ambivalent diese auch ist, so schwierig sie auch zu bewältigen ist. Auch bei Nichtchristen stellen wir also fest, dass man ein „Ja" sagt zum Leben, wie es ist, zu einem Sinn des Lebens. Das ist eine Ebene, die durchaus auch mit Schuld und Gnade zu tun hat, aber die nicht von vornherein spezifisch christlich oder gar katholisch ist, sondern universal. Insofern ist für mich auch das Grundvertrauen die Basis für ein Grundethos, das uns alle verbinden kann. Denn ohne dieses „Sich-Einlassen" auf die Wirklichkeit, ohne dieses positive, vertrauensvolle Ja zur Wirklichkeit trotz aller Anfechtung, ohne dieses Grundvertrauen kann sich niemand ethisch verhalten. Eine Grundmoral setzt auch schon ein Grundvertrauen zur Wirklichkeit voraus.

Eng verbunden mit der Frage „außerhalb der Kirche kein Heil" ist die Frage nach der Wahrheit. Der Islam glaubt, die Wahrheit zu haben, das Christentum glaubt, die Wahrheit zu haben, das Judentum glaubt, die Wahrheit zu haben. Wie wird man als Theologe mit diesem schwierigen Thema fertig?

Zunächst einmal lässt sich heute feststellen, dass keine Religion mehr einfach ein Wahrheitsmonopol beanspruchen will. Denn das würde heißen, dass sie allein die Wahrheit hat und die anderen keine Wahrheit haben. Das wird nach dem Zweiten Vatikanischen Konzil auch der traditionellste römische Katholik nicht mehr behaupten dürfen. Aber die andere extreme Position – dass die Wahrheitsfrage überhaupt keine Rolle mehr spielt oder dass die Wahrheit irgendwie verteilt ist, dass es also völlig indifferent ist, wie ich mich dazu verhalte – das kann als Lösung auch nicht befriedigen. Die Lösung, die ich mir lange genug erarbeitet habe, ist von drei Dimensionen geprägt: Zunächst einmal betrifft sie meine eigene innere Perspektive bzw. die Perspektive aller Christen, die von der christlichen Botschaft überzeugt sind. Für mich ist die eine wahre Religion der christliche Glaube und Jesus Christus, wenn ich es mit den Worten des Johannes-Evangeliums sagen will, der Weg, die Wahrheit und das Leben. Das ändert sich auch nicht, wenn ich mit Angehörigen anderer Religionen Gespräche führe.

Ich muss bei einem solchen Gespräch nur eine zweite Dimension gleichzeitig betrachten. Wenn Sie den Juden zur Rechten fragen: „Was ist für Sie der Weg, die Wahrheit und das Leben?", wird er Ihnen antworten: „Das ist für mich die Thora." Und der Muslim zur Linken wird erwidern: „Das ist für mich nicht etwa Mohammed, sondern der Koran." Und der Buddhist wird sagen: „Das ist für mich der achtfache Pfad des Buddha." Und so hat jede Religion ihre ureigene Wahrheit, die nie nur eine Wahrheit der Theorie ist, sondern eine Wahrheit der Praxis. Es geht ja nicht nur um wahre Erkenntnis, sondern auch um richtiges Handeln. Es geht nicht nur um Doktrinen, sondern auch um Ethos.

Auf die Frage: „Wie bringt man beide Dimensionen zusammen?", antworte ich: Zunächst einmal ist Respekt die wichtigste Grundtugend. Ich muss respektieren, dass der andere anders ist. Dazu muss Verständnis kommen. Ich muss versuchen, den anderen besser zu verstehen. Wie auch der andere, wenn ich versuche, ihn besser zu verstehen, mich besser versteht. So werden wir mit der Zeit viele Gemeinsamkeiten feststellen. Das, was zunächst einmal so exklusiv scheint, ist dann gar nicht so exklusiv: Wir können als Christen nicht etwa die Thora von vornherein verabschieden. Ist sie doch der Wurzelboden, aus dem wir kommen. Wir können auch den Islam nicht ohne weiteres verabschieden. Denn das ist doch die Religion, die nach dem Christentum gekommen ist und sich bewusst auf Judentum und Christentum bezieht. Der Islam ist eine Religion, die die alten Propheten akzeptiert, die auch Jesus als Propheten akzeptiert, die aber auch behauptet, bestimmte Korrekturen anbringen zu müssen – an einer überhöhten „vergöttlichenden" Christologie zum Beispiel oder anderes mehr. Das muss man ernst nehmen. Es ist also durchaus möglich, dass ich von meiner eigenen Religion, von der Wahrheit meiner eigenen Religion voll überzeugt bin und zugleich ganz und gar offen für die Religion und die Kritik der anderen.

Es kommt dann noch eine dritte Dimension hinzu: Wir können hier und heute nicht darüber befinden, wo letztlich die Wahrheit liegt. Wir befinden uns alle auf dem Weg. Wir sind alle, wie der alte Ausdruck heißt, homines viatores, Pilger auf dieser Erde. Wir sehen alles, wie Paulus sagt, nur wie im Spiegel und in Bruchstücken und nicht, wie es an sich ist. Wir gehen der Vollendung erst entgegen, und die Wahrheit, wie sie wirklich ist, wird erst am Ende offenbar werden. Uns eröffnet sich sozusagen nur ein kleiner Spalt. Ich erinnere an die Worte des Apostel Paulus im 1. Korintherbrief am Ende des 15. Kapitels – wir lesen dort ganz merkwürdige Aussagen. Paulus macht deutlich, dass am Ende kein Prophet mehr die entscheidende Rolle spielt. Alles Vorläufige funktioniert dann nicht mehr. Ja, es heißt auch, dass zu diesem Zeitpunkt Jesus, der Sohn, sich dem Vater unterwirft, damit Gott selbst alles in allem ist. Karl Rahner hat einen schönen Artikel darüber geschrieben, dass „Gott selbst" im Neuen Testament immer der eine Gott und Vater ist. Und der ist dann alles in allem. Nicht nur wie jetzt in allen Dingen, sondern er ist alles in allen Dingen. Das ist die Vollendung, und das ist die Wahrheit schlechthin. Diese volle Wahrheit wird erst dann offenbar; alles, was vorher ist, ist nur Vorschein, nur bruchstückhaft. Wenn man sich dessen bewusst ist, dann verfällt man weder der Illusion, dass man das selber schon alles begriffen hätte, noch der Verachtung der anderen, die man als defizitär wahrnimmt, um eine Formulierung aus dem neuen römischen Lehrdokument „Dominus Jesus" zu gebrauchen. Defizitär sind wir alle – bis wir so erkennen, wie wir selbst von Gott erkannt sind, um wieder Paulus zu zitieren.

In diesen drei Dimensionen kann man leben und den Dialog auch als kontinuierlichen Prozess verstehen. Dieser Dialog ist nichts Statisches, sondern etwas, was sich täglich ereignet und zwar nicht nur für Theologen, sondern für jeden Menschen, der eine einschlägige Nachricht im Radio hört oder ein Buch liest oder der mit Menschen anderer Religionen zusammenkommt. Ein so verstandener Dialog ist in diesen drei Dimensionen ein sich immer weiter vollziehender Vorgang der Vertiefung. Man kann dabei große Fortschritte machen, wenn man sich ein klein wenig bemüht.

Wie reagieren Sie auf den Vorwurf, dabei komme nur ein Minimalkonsens zustande?

Zunächst einmal wäre ich schon froh, es gäbe manchmal wenigstens einen Minimalkonsens – zumindest im Ethos. Ich wäre schon froh, wenn man sich selbst in unserer eigenen Kirche auf die minimale Goldene Regel besänne, dass man dem anderen nichts antut, was man sich selbst nicht angetan sehen möchte. Ich denke nur an die aktuellen Konflikte mit der römischen Inquisition. Wenn sich die römischen Behörden in der Auseinandersetzung mit dem spanischen Moraltheologen Marciano Vidal oder dem Ordensmann Balasuriya aus Sri Lanka auf diese Minimalregel beschränkt hätten, dann hätten sie anders gehandelt. Damit will ich sagen: Auch minimale Gebote sind im Grunde nicht minimal. Sie sind elementar – und das ist etwas ganz anderes. Elementar ist es, jeden Menschen menschlich zu behandeln, auch den Gegner. Und dann kommt noch dazu, dass wir beim Weltethos nicht nur bei diesem allgemeinen Humanitätsprinzip bleiben, dass man Frauen wie Männer, Schwarze wie Weiße, Alte wie Junge, Arme wie Reiche wahrhaft menschlich behandeln soll. Es geht auch nicht nur um die Anwendung der Goldenen Regel. Da kommen noch eine ganze Reihe unverrückbarer Weisungen hinzu, die, wenn man sie einhält, unsere Welt zum Positiven verändern, zum Beispiel die Aktionen eines Politikers in Richtung Gerechtigkeit oder die Berichterstattung der Medienverantwortlichen in Richtung Wahrhaftigkeit. Solche Wahrhaftigkeit ist nicht minimal, sondern sie ist elementare Grundvoraussetzung, die schon Basis eines jeden Gesprächs ist: Sie müssen doch voraussetzen können, dass ich Ihnen nicht irgendetwas vorlüge. Und ich muss meinerseits voraussetzen, dass Sie ehrlich daran interessiert sind, mir Fragen zu stellen, bei denen etwas herauskommen soll. Schon das Zusammenleben jeder Familie setzt doch gewisse elementare Regeln voraus, dass man sich gegenseitig nicht anlügt, einander nicht hintergeht zum Beispiel. Das gilt auch für jedes Büro, jedes Universitätsinstitut, auch alle Betriebe. Es gibt sicher Büros und Institute und vielleicht auch Betriebe, wo die Goldene Regel die Norm ist, wo der Chef unter Umständen jedem schon bei der Einstellung sagt: „Wissen Sie, bestimmte Dinge machen wir einfach nicht. Wir halten uns an die und die Regeln." Ethos bedeutet aber nicht, dass man nie Fehler macht oder nicht gegen die Regeln verstößt. Wenn das so wäre, bräuchte man gar keine Regeln. Der Mensch ist ein freies Wesen. Wir sind unserer selbst nicht immer mächtig, manchmal machen wir etwas, was wir später bereuen: „Ach, hätte ich das nur nicht getan." Es geht also nicht darum zu leugnen, dass gegen elementare Regeln verstoßen wird. Aber es macht einen gewaltigen Unterschied, ob im Kindergarten, in der Schule oder auch an unseren Universitäten es wieder klar ist, dass es gewisse Maßstäbe gibt, die gelten und die eingehalten werden sollen. Und es ist erfreulich, wenn in den Chefetagen unserer internationalen Konzerne gesagt wird, bestimmte Dinge, wie alles, was nach Korruption aussieht, machen wir nicht. Insofern sollten wir hier nicht von Minimalismus sprechen, sondern von elementaren Regeln.

Sie sprechen von Weltethos, nicht von Weltethik. Gibt es einen Unterschied zwischen Ethos und Ethik?

Die Worte werden natürlich zum Teil ohne Unterschied gebraucht. Und ich habe selbst stets davon Abstand genommen, irgendeine Terminologie gegen den allgemeinen Gebrauch zu diktieren. Aber wenn ich die Worte strikt und präzise fasse, dann meint Ethik eine Lehre vom moralischen Verhalten, also ein ethisches System – etwa die Ethik des Aristoteles oder die des Thomas von Aquin oder die von Immanuel Kant. Nun ist es nicht notwendig, dass man sich, um ein Zusammenleben zu ermöglichen, auf ein bestimmtes ethisches System einigt. Mit Ethos ist etwas anderes gemeint: Nicht in erster Linie eine Lehre oder ein System, sondern die innere moralische, sittliche Grundhaltung eines Menschen, die sich nach bestimmten Normen und Maßstäben richtet, die als Kompass das Gewissen hat, eine Grundhaltung also, die im Grunde sein ganzes Handeln bestimmt. Und für ein solches Ethos lohnt sich der Einsatz zu fragen, was soll eigentlich meine ethische Grundhaltung bestimmen?

Meine Erfahrung ist: Man findet viel Zustimmung, wenn man nicht irgendetwas aufoktroyieren will, sondern den Menschen wieder bewusst macht, was im Grunde schon seit eh und je gegolten hat, dass man gewisse Dinge eben tun soll und andere nicht. Dass man nicht lügen, nicht falsches Zeugnis geben soll, nicht betrügen soll, sondern die Wahrheit sagen soll. Dass man nicht stehlen und erst recht nicht morden und dass man Sexualität nicht missbrauchen, sondern sich achten und lieben soll. Das alles sind Normen, die meine innere Grundhaltung betreffen und die meine Selbstbindung voraussetzen. Niemand kann Sie zwingen, die Wahrheit zu sagen. Wenn Sie lügen wollen, können Sie lügen. Die Frage ist, ob Sie dabei erwischt werden oder nicht. Aber ob Sie das wollen oder nicht, das ist Ihre ganz persönliche Entscheidung. Und insofern ist es eine großartige Sache, dass der Mensch letztlich doch Herr seiner selbst ist, bei all dem, was ihn ständig an äußeren – und inneren – Einflüssen schiebt, bedrängt und bewegt. Jeder Mensch kann so oder anders handeln. Die Selbstverantwortung ist nicht zuletzt in einer Zeit globaler Bewegungen von größerer Bedeutung und findet heute bis hin zu Fragen des Internationalen Gerichtshofes neue Beachtung. Auch Staatschefs stehen heute nicht mehr über der Moral, „jenseits von Gut und Böse", sondern können unter Umständen zur Verantwortung gezogen werden.

Weltethos – eine neue Weltreligion?

Könnte man sagen: das Weltethos möchte so etwas wie eine Charta der Weltreligionen oder so etwas wie die Zehn Grundgebote der Weltreligionen schaffen?

Vielleicht eher ein ethisches Koordinatensystem. Wenn Sie nur einen Kompass und eine Karte haben, benötigen Sie ja auch noch die Koordinaten, um den Weg zu finden. Insofern könnte man von sittlichen Koordinaten für den Kompass des Gewissens reden. Natürlich müssen diese ausformuliert sein. In der Tat habe ich über wenige Texte so lange brüten müssen, über wenige Dinge so lange diskutieren und Meinungen austauschen müssen wie damals, als ich den Entwurf für die Erklärung des Parlaments der Weltreligionen 1993 in Chicago zu schreiben hatte. In dieser Erklärung finden Sie den jetzt weithin akzeptierten Versuch, das Ethos der Menschheit, wie es sich seit Menschengedenken entwickelt hat, in sechs große Regeln, zwei Grundprinzipien und vier Weisungen zu fassen. Dies nicht, um die zehn Gebote Gottes zu ersetzen, sondern um das auszudrücken, was in diesen Geboten Gottes im Grunde schon enthalten ist, was aber nicht nur am Sinai, nicht nur in der Bergpredigt oder im Koran, sondern auch schon bei Patanjali, dem Gründer des Yoga, im buddhistischen Kanon oder bei Konfuzius und in anderen großen Texten der Religionsgeschichte der Menschheit zu finden ist.

Es wäre in unserer Zeit von größter Bedeutung, dass der Menschheit Folgendes klar wird: Erstens, dass es keine postmodernistische Beliebigkeit, kein „anything goes" in

Sachen Moral geben darf. Dass es vielmehr bestimmte Regeln gibt, an die jeder gebunden ist, nicht nur die gewöhnlichen Bürgerinnen und Bürger, sondern auch die Staatsmänner, die Industriechefs und die Professoren in den Universitäten und Laboratorien. Zweitens, dass man sich bewusst wird, dass diese Grundregeln allen gemeinsam sind, also nicht nur im Raum der drei prophetischen Religionen Judentum, Christentum und Islam gelten, sondern dass man solche Normen auch in den Religionen indischen und chinesischen Ursprungs findet.

Aber Sie wollen keine neue Weltreligion schaffen? Weltethos ist keine neue Weltreligion?

Das wäre geradezu lächerlich. Allen Versuchungen, mich zum Volkstribun emporzuschwingen und mich an die Spitze einer großen Gruppierung zu stellen, habe ich zeitlebens widerstanden. Zum Kirchengründer fühle ich mich erst recht nicht berufen. Um eine ernsthafte Antwort zu geben: Die *eine* Weltreligion brauchen wir nicht zu fürchten, denn dafür sind die Weltreligionen viel zu verschieden. Und die *eine* Weltreligion brauchen wir auch nicht zu erhoffen, weil es in der gegenwärtigen Situation überhaupt keinen Anhalt für die Vermutung gibt, es könne sie je geben. Wir sollten allerdings die Überzeugung stärken, dass diese Grundregeln für die ganze Menschheit gelten sollen. Wie wichtig das ist, haben wir im Parlament der Weltreligionen in Chicago 1993 und auch im darauf folgenden Parlament in Kapstadt 1999 bestätigt bekommen. Und zwar jetzt nicht nur so abstrakt, wie ich das gerade formuliert habe, sondern ganz konkret und erklärt für die heutige Zeit: Was bedeutet es, nicht zu töten, sondern Ehrfurcht vor allem Leben zu praktizieren? Was bedeutet es, nicht zu lügen, sondern die Wahrheit zu sagen? Was bedeutet es, nicht zu stehlen, sondern auf eine gerechte Wirtschaftsordnung hinzuwirken?

Was bedeutet es, die Sexualität nicht zu missbrauchen, sondern für die Achtung der Frau und die Partnerschaft von Mann und Frau einzutreten? Das sind Normen, die alle Religionen einen und die auch Nichtglaubende mittragen können. Und dafür braucht man nicht eine gemeinsame Religion, sondern nur eine gemeinsame Grundmoral.

Was heißt das? Sie nennen das Gebiet Sexualität, Missbrauch der Frau. Was verlangt das Weltethos?

Es bedeutet, dass man das Negative klar benennt. Konkret heißt das: Es gibt überall auf der Welt verdammenswerte Formen des Patriarchalismus, der Vorherrschaft des einen Geschlechts über das andere. Dies gilt vor allem bei der Ausbeutung von Frauen, dem sexuellen Missbrauch von Kindern sowie der erzwungenen Prostitution. Man muss auch klar sagen, dass die sozialen Unterschiede auf dieser Erde nicht selten dazu führen, dass insbesondere Frauen und sogar Kinder aus weniger entwickelten Ländern sich gezwungen sehen, Prostitution als Mittel des Überlebenskampfes einzusetzen. Dagegen lässt sich positiv sagen, dass aus den großen ethischen und religiösen Traditionen der Menschheit ganz allgemein die Weisung gilt: „Du sollst nicht Unzucht treiben." So hat man früher gesagt. Heute sagen wir: Es gilt, die „Sexualität nicht zu missbrauchen". Oder wie wir es positiv formuliert haben: „Achtet und liebet einander." Das heißt ganz klar, dass kein Mensch das Recht hat, einen anderen zum bloßen Objekt seiner Sexualität zu erniedrigen, ihn in sexuelle Abhängigkeit zu bringen oder ihn darin zu halten. Und man kann selbstverständlich noch weiter gehen auf diesem Gebiet. Dabei ist immer auch zu beachten, was in der Weltethos-Erklärung bei all diesen Normen wiederholt wird: Schon junge Menschen sollten dies in Familie und Schule einüben. Sie sollten lernen, dass Sexualität grundsätzlich keine negativ-zerstörende oder ausbeutende Kraft ist, sondern eine schöpferisch-gestaltende, dass sie also die Funktion einer lebensbejahenden Gemeinschaftsbildung hat und dass Sexualität sich nur dann entfalten kann, wenn sie in Verantwortung für das Glück auch des Partners gelebt wird. Das sind alles Themen, die mit der Frage der Sexualität zusammenhängen.

Ich muss aber eine Einschränkung machen. Sie werden sowohl in der Erklärung von Chicago als auch in der Erklärung von Kapstadt wie auch in der politischen Erklärung des „InterAction Councils" früherer Staats- und Regierungschefs nichts finden, was die heute umstrittenen Fragen im Bereich der Sexualität bzw. der Bioethik überhaupt betrifft. Das gilt besonders für die Fragen der Empfängnisverhütung, der Abtreibung, der Homosexualität und der Sterbehilfe. Warum äußern sich diese Dokumente nicht dazu? Weil das alles Fragen sind, die einerseits zwischen den Religionen umstritten sind und andererseits sogar in einer Religion, in jeder Religion, ja sogar in jeder Kirche umstritten sind. Auch in der katholischen Kirche gibt es über diese vier Fragen offenkundig keinen Konsens. Folglich kann man über eine solche Frage nicht in einer allgemeinen Erklärung entscheiden. Ich habe glücklicherweise genügend Einfluss auf den Gang der Dinge gehabt, dass ich entsprechende Forderungen, sich über bestimmte Dinge zu äußern, doch ablehnen konnte, so dass wir diese Texte freihalten konnten von Äußerungen, die dann faktisch die ganze Erklärung torpediert hätten, weil sie zum Beispiel unabsehbare Kontroversen für oder gegen Abtreibung hervorgerufen hätten.

In Deutschland wird gerade darüber diskutiert, die Prostitution zu legalisieren. Die Kirchen, die dagegen das Wort erheben, werden eher in die Ecke der Lächerlichkeit gedrängt.

Man wird wohl unterscheiden müssen zwischen einer Hilfe für die Prostituierten, die, wie eben aus der Weltethos-Erklärung schon zitiert, vielfach Opfer der Verhältnisse sind. Natürlich können unter Umständen auch Frauen in unserer Gesellschaft in eine solch schwierige Situation kommen, wer kann darüber schon urteilen. Dass man ihnen hilft und versucht, Möglichkeiten zur Emanzipation zu schaffen, das ist die eine Seite. Die andere Seite ist die, dass man meint, Prostitution verharmlosen zu können und nicht mehr sieht, dass sie nicht ein Beruf wie jeder andere ist, sondern dass sie einen Missbrauch der Sexualität darstellt. Es gibt auch da bestimmte Grenzen, und es ist durchaus Aufgabe der Kirche, hier Grenzen anzumelden. Das Fatale ist nur, dass eine Kirche wie die römisch-katholische Kirche, deren Hierarchie sogar gegen die Pille ist und in allen Fragen die moralischen Maßstäbe rigoros hoch ansetzt, auch dann kein Gehör findet, wenn sie wirklich Gehör finden sollte. Gerade die junge Generation sagt: Die sind ohnehin gegen „alles".

Also hat die katholische Kirche im Bereich Sexualität ihre Kompetenz verloren?

Leider weithin ja: Das kirchliche Lehramt hat sich in Fragen der Sexualmoral selbst unglaubwürdig gemacht. Es ist allen einschlägigen Umfragen nach nur ein geringer Prozentsatz selbst in der katholischen Bevölkerung dazu bereit, dem Papst in Fragen der Sexualethik zu folgen. Das hat er selbst verschuldet, das hätte auch anders sein können. Ich hoffe, dass wir einmal einen Papst haben werden, der eine vernünftige Enzyklika über Sexualität schreiben wird, die zwischen Libertinismus und Rigorismus einen Mittelweg beschreitet.

Ökumene

Herr Professor Küng, Sie haben vorhin angeschnitten, dass es in den Religionen selbst häufig inhaltliche Differenzen über zentrale Fragen gibt. Ist es für den Dialog, den Sie im Projekt Weltethos anstreben, nicht ein Skandal, dass zum Beispiel das Christentum noch so zerspalten ist in konfessionelle und andere Lager?

Natürlich. Die Aufhebung der Spaltung war ja auch eine Hoffnung, die ich an das Zweite Vatikanische Konzil (1962–65) geknüpft hatte. Wir Christen sind dadurch außerordentlich geschwächt, dass wir immer wieder in allen möglichen Situationen als Verschiedene auftreten. Ich habe vor kurzem anlässlich des Staatsbesuchs von Bundespräsident Johannes Rau in Israel an einem Dialog mit Juden und Muslimen in Jerusalem teilgenommen. Zu diesem Anlass wurden auch der katholische Abt, der evangelische Propst und ein Vertreter der Orthodoxie eingeladen. Das waren zum Glück alles friedliche Männer. Aber es wurde immer wieder deutlich, dass wir, die wir selbst Verständigung und Einheit noch nicht einmal unter uns Christen hergestellt haben, diese von anderen Religionen auch nicht verlangen können. Ich reagiere vor diesem Hintergrund auch ausgesprochen allergisch auf die zahlreichen Aufrufe beider Kirchen an die Öffentlichkeit, in denen immer wieder selbstgerecht und moralisierend dieses und jenes eingefordert wird. Dabei sind die Kirchen selbst noch nicht einmal fähig, auch nur die elementarsten Probleme des 16. Jahrhunderts zu bereinigen – wie etwa wieder die Abendmahlsgemeinschaft herzustellen, die von vielen theologischen Gutachten und zahllosen Gläubigen gefordert wird. Sollten wir da nicht vor der eigenen Türe kehren und nicht immer nur in die Gesellschaft hineinposaunen, ihr solltet das tun, ihr solltet jenes beachten. So ehrenwert das gesellschaftliche Engagement ist: Bischöfe sind nicht glaubwürdig, wenn sie etwa für die Beseitigung der Landminen eintreten, aber an Kirchenminen nicht zu rühren wagen, geschweige denn sie zu entschärfen versuchen.

Warum geht es denn in Deutschland so langsam mit der Ökumene voran, zwischen den Protestanten und Katholiken oder zwischen Rom und den Protestanten? Ist es letztlich eine Machtfrage? Oder steckt dahinter eben doch noch ein ungelöstes theologisches Problem?

Nein, das ist keine theologische Frage mehr. Ich darf den Anspruch erheben, alle diese kontroversen Fragen über Jahrzehnte hinweg studiert und darüber genug publiziert zu haben. Jeder, der das untersucht hat, weiß: Die theologischen Fragen sind gelöst oder lösbar. Hier handelt es sich in der Tat vor allem um eine Machtfrage. Aber nicht primär um eine Frage der Macht in Deutschland, sondern um eine Frage der römischen Macht. Das hört man zwar nicht gerne, aber man muss nun wahrhaftig nicht auf den Papst fixiert sein, wenn man feststellt: Das Papsttum ist in Fragen der Ökumene der große Hemmblock, und die römische Kurie hat unendlich vieles verhindert. Sie hat erstens verhindert, dass das Konzil so funktionieren konnte, wie es eigentlich funktionieren wollte und zu zukunftsträchtigen Beschlüssen kommen konnte, nicht nur in Sachen Abendmahlsgemeinschaft, sondern auch in Fragen wie Empfängnisverhütung oder Zölibat. Und zweitens ist die römische Kurie eindeutig dafür verantwortlich, dass nach dem Konzil diese Versteifung eingetreten ist, die uns in der Bundesrepublik ungeheure Probleme geschaffen hat. Betrachten Sie die Würzburger Synode: Was wurde da nicht alles beschlossen – und von Rom total ignoriert, nicht einmal einer Antwort gewürdigt. Wer redet noch davon? Dasselbe betrifft die Synode in der Schweiz. Wo gibt es das eigentlich noch, dass das Volk so deutlich Dinge verlangt, aber rein gar nichts geschieht? Manchmal würde ich kirchliche Plebiszite gut finden, wie es sie im politischen Bereich in der Schweizerischen Eidgenossenschaft gibt: Da kann man Initiativen ergreifen oder Referenden anstoßen, und wenn sich genügend Leute dahinter stellen, muss darüber abgestimmt werden. So wird Stillstand von der Basis her überwindbar.

Man kann sicher sein: In all diesen umstrittenen Fragen wäre schon im Konzil eine Entscheidung im positiven Sinne gefällt worden. Ja, wenn man die Frage der Empfängnisverhütung, die Frage des Zölibats oder das Problem der Frauenordination einem Referendum des Kirchenvolkes vorlegen würde, wäre der Entscheid überwältigend positiv. Dieser Vorschlag ist natürlich nicht wörtlich gemeint in dem Sinn, als ob das Referendum unbedingt das wichtigste Instrumentarium der römisch-katholischen Kirche werden müsste. Aber eine Hierarchie, die Angst hat vor dem eigenen Volk, die so total am Volk vorbei regiert wie die römisch-katholische, muss sich nicht wundern, wenn sie immer weniger Anklang, Glauben findet. Und wehe, wenn einmal die staatskirchliche Absicherung aufgehoben, wehe, wenn die Kirchensteuer wegfallen würde: Was würde da noch übrig bleiben von der großen Kirchenfassade? Da wäre doch wohl Besinnung angebracht. Unsere „Hierarchie" sollte nicht diejenigen verurteilen, die Kritik anmelden, sondern sollte die Kritik etwa der Hunderttausende umfassenden Kirchenvolksbewegung endlich ernst nehmen. Es geht darum, sich ernsthaft zu bemühen, dass von diesen Problemen, die wir größtenteils bereits seit Jahrhunderten oder doch zumindest seit Jahrzehnten mitschleppen, mindestens das eine oder andere endlich gelöst wird.

Im Übrigen gilt eine kritische Diagnose des gesellschaftlichen Zustands nicht isoliert für die katholische Kirche. In der protestantischen Kirche gibt es diese Verkrustung zum Teil auch. Das Problem ist hier allerdings anders gelagert. In der protestantischen Kirche hat in vielen Fällen eine Substanzaushöhlung stattgefunden. Wenn Pfarrer zum Beispiel ihre Aufgabe praktisch nur noch in sozial-emanzipatorischen Tätigkeiten sehen und nicht mehr in der eigentlichen Verkündigung des Evangeliums und der Feier der Sakramente, dann ist doch Wesentliches aufgegeben worden. Und während die katholische Kirche an einer rigiden Petrifizierung leidet, so leidet die evangelische im Gegensatz dazu unter mangelndem Profil. Man weiß gar nicht mehr so richtig, warum man eigentlich evangelisch ist. Man weiß nicht mehr, was man eigentlich verkünden soll. Über diese in jeweils verschiedener Hinsicht desolate Situation können auch die gemeinsamen öffentlichen Aufrufe der Vorsitzenden der beiden Kirchen, in denen sich der Ratsvorsitzende der EKD meist dem Vorsitzenden der Deutschen Katholischen Bischofskonferenz anpasst, nicht hinwegtäuschen.

Der Papst und das Weltethos

Wenn man die Reisen des Papstes durch die Welt betrachtet, ist das eine beeindruckende Bilanz: Johannes Paul II. hat fast einhundert Reisen unternommen, aber er hat auch die lutherische Kirche in Rom besucht, die Synagoge in Rom und die große Omaijaden-Moschee in Damaskus. Manchmal denke ich: Könnte sich Küng in Sachen Weltethos einen besseren Mitarbeiter vorstellen?

Ich will gerne zugeben, dass ich mich darüber gefreut habe, dass der Papst sich vieles sukzessive zu eigen gemacht hat, was ich theoretisch erarbeitet und publizistisch immer wieder vertreten habe. ‚Kein Friede unter den Nationen ohne Frieden unter den Religionen und kein Frieden unter den Religionen ohne Dialog zwischen den Religionen‘, das ist unter diesem Pontifikat schließlich auch ein Programmpunkt geworden. Und neuerdings vertritt der Papst sogar das große Anliegen des gemeinsamen Menschheitsethos. Unmittelbar vor seiner Reise nach Damaskus hat er am 27. April 2001 vor der Päpstlichen Akademie der Sozialwissenschaften eine große Rede gehalten, in der er das Weltethos ausdrücklich bejaht. Ich könnte tatsächlich jeden Satz dieser Rede unterschreiben. Sie enthält zunächst eine differenzierte Einschätzung des Phänomens der Marktwirtschaft und der Globalisierung. Es ist nach meiner Einschätzung wichtig, dass er in diesem Zusammenhang betont, dass eine Globalisierung der Ökonomie ohne eine Globalisierung des Ethos eine gefährliche Angelegenheit ist. Das argumentativ darzustellen ist gar nicht leicht. Weil dieser

Text so gut ist, will ich eine Passage daraus zitieren: „Da sich die Menschheit auf den Weg der Globalisierung gemacht hat, kann sie nicht länger ohne einen gemeinsamen ethischen Code auskommen. Damit ist nicht ein einziges dominantes sozio-ökonomisches System oder eine Kultur gemeint, die ihre Werte und Kriterien dem ethischen Diskurs aufdrängt. Im Menschen als solchem, in der universalen Menschheit, wie sie aus der Hand des Schöpfers hervorging, müssen die Normen des sozialen Lebens gesucht werden. Solch eine Suche ist unumgänglich, wenn Globalisierung nicht nur ein anderer Name für die absolute Relativierung von Werten und die Homogenisierung von Lebensstilen und Kulturen sein soll. In all der Vielfalt kultureller Formen existieren universale menschliche Werte, und diese Werte müssen ans Licht gebracht und als leitende Kraft für jegliche Entwicklung und allen Fortschritt betont werden." Besser könnte ich es auch nicht sagen.

Hat sich da nicht doch in dem Denken des Papstes, dessen Kritiker Sie ja sind, etwas geändert?

Das ist in der Tat eine Dimension, die im Laufe dieses Pontifikates immer deutlicher geworden ist und die ich außerordentlich begrüße. Hier hat dieser Papst sich auch durchgesetzt gegenüber sehr starken Kräften innerhalb der römischen Kurie, wo verschiedene seiner Aktionen nicht Wohlgefallen ausgelöst haben, sondern eher Kritik. Natürlich, die Fragen dieses Pontifikates und seine umfassende Bewertung betreffen auch die innerkirchlichen Positionen bzw. die Haltung, die hinter diesen innerkirchlichen Positionen steckt. Wenn Rom nämlich gleichzeitig zu großen ökumenischen Reisen des Papstes die Erklärung „Dominus Jesus" veröffentlichen lässt, auch wenn der Papst sie zweifellos nicht selbst geschrieben hat, so stellt sich natürlich schon die Frage: Wenn er nach Athen pilgert und dort

Schuldbekenntnisse ablegt, denkt er nicht doch in seinem Innersten, die Orientalen sollten wieder unter die römische Herrschaft „zurückkehren", unter der sie im Grunde gar nie waren? Und wenn er die Omaijaden-Moschee von Damaskus besucht: Denkt er nicht vielleicht doch, im Grunde sollten alle Muslime katholisch werden?

Eine solche Rückkehrideologie ist bei ihm vorhanden, und sie ist in dem Dokument „Dominus Jesus" erneut stark untermauert worden. Hier herrscht, gemessen am Zweiten Vatikanum, wieder eine andere Sicht der verschiedenen Religionen vor. Damals war die theologische Sicht auf die anderen Religionen zwar noch nicht endgültig und konsequent durchdacht worden. Aber es ist nicht zu übersehen, dass das Zweite Vatikanische Konzil sich von einer Rückkehrideologie verabschiedet hat. Aber noch einmal: Ich bin glücklich über das, was Johannes Paul II. vor allem in den letzten Jahren in dieser Richtung getan hat. Die eigentlichen Kontroversfragen zwischen mir und diesem Papst betreffen innerkirchliche Probleme und vor allem die eklatante Widersprüchlichkeit zwischen der Außenpolitik und der Innenpolitik dieses Papstes. Die Außenpolitik steht im Zeichen des weltweiten Engagements für Menschenrechte, Freiheit und Anerkennung des anderen. Die Innenpolitik stand nach meinem Eindruck im Zeichen der Unterdrückung der Meinungsfreiheit, der Inquisition, der Frauenverachtung, der konstanten Verhinderung von Lösungen strittiger Fragen. Ein Problemstau sondergleichen.

Nun ist der Papst ein einzigartiger Sprecher der römisch-katholischen Kirche. Andere Religionen haben keinen so herausragenden Sprecher, wenn man vom Dalai Lama absieht. Hat es nicht auch einen Vorteil, wenn so ein herausragender Sprecher einer Religionsgemeinschaft auftritt, erleichtert das nicht den Dialog?

Ich gehöre ja – gegen das Image, das mir immer wieder angehängt wird – zu den entschiedenen Vertretern eines Petrusdienstes in der Kirche und insofern auch zu den Verfechtern einer primatialen Position. Der Streit ging für mich nie darum, ob man einen Papst haben soll oder nicht, sondern *wie* ein solcher Primat aussehen soll. Und da stelle ich einfach historisch in aller Deutlichkeit fest: Im ersten Jahrtausend haben wir dieses römische System nicht gehabt. Da haben zwar römische Bischöfe auch schon versucht, ihr Imperium Romanum aufzurichten. Aber der eigentliche Durchbruch war die Revolution von oben unter Gregor VII., der im 11. Jahrhundert mit der sogenannten Gregorianischen Reform einen Jurisdiktionsprimat innerhalb der Kirche aufrichtete und auch gegenüber der östlichen Kirche aggressiv vertrat. In einer kürzlich erschienenen „Kleinen Geschichte der katholischen Kirche" habe ich diese Entwicklung beschrieben. Seit dem 11. Jahrhundert wurde diese ungeheure Überordnung, dieses Abgehobensein des Klerus von den Laien durchgesetzt. Erst damals wurde auch das universale Zölibatsgesetz für den Weltklerus mit allen Mitteln geistlicher Gewalt eingeführt. Seither haben wir diese uns noch heute belastenden Probleme, und seit dem 11. Jahrhundert haben wir auch die bedauerliche Spaltung mit der Ostkirche.

Wir waren im Grunde schon weiter, als sich Paul VI. und Patriarch Athenagoras in Jerusalem umarmt haben. Das war wirklich epochemachend. Damals hätte man weitergehen und mit den Orthodoxen darüber reden müssen, unter welchen Bedingungen sie einen römischen Primat anerkennen können. Das müsste meines Erachtens nicht nur ein Ehrenprimat sein, das könnte ein Seelsorgeprimat sein, wie ihn Johannes XXIII. für den Osten exemplarisch vorgelebt hat. Aber was für die östlichen Kirchen und erst recht für die reformatorischen Kirchen sicher inakzeptabel bleiben wird, ist dieser ungeheure und völlig unbiblische

Anspruch auf einen Jurisdiktionsprimat über jede einzelne Kirche und jeden einzelnen Christen. Diesen Jurisdiktionsprimat erhebt der Papst in aller Form erst seit dem Ersten Vatikanum 1870. Doch ist dies ein Problem, das man durchaus lösen könnte. Ich habe schon in meinem Buch „Die Kirche" (1967) konkrete Anregungen für die theologische Lösung dieser Fragen gegeben, etwa für die „Anglican Roman-Catholic International Commission" (ARCIC), also für die Gespräche zwischen Vertretern der anglikanischen Kirche und dem Römischen Einheitssekretariat. Was die Lösung der theologischen Fragen angeht, so könnte man die Einheit zwischen Rom und Canterbury über Nacht herstellen. Ich war vor einiger Zeit in London im Lambeth Palace bei einer Ehrung des anglikanischen Erzbischofs George Carey und habe ihm beim Abschied gesagt: „Ich hoffe, noch zu erleben, dass wir zwischen Canterbury und Rom die Einheit wieder herstellen." Bei gegenseitiger Respektierung wäre das möglich unter zwei Bedingungen: Einerseits die Anerkennung des römischen Pastoralprimates durch die anglikanische Kirche, andererseits die Anerkennung der Autonomie der anglikanischen Kirche durch Rom, beides im Sinn der alten Tradition. Das würde konkret bedeuten, dass die Bischöfe in England nach wie vor durch ein Gremium von Klerus und Laien gewählt werden können. Und ähnliches mehr. Dies wäre ein Modell der Einheit in Vielfalt und nicht die gegenwärtige uniforme Diktatur.

Ja, die römisch-katholische Kirche macht zur Zeit den Eindruck einer geistlichen Diktatur. Da wird niemand geduldet, der anderer Meinung ist. Man kommt gar nicht darum herum, den Vatikan mit dem früheren Kreml und seinen Methoden zu vergleichen. Und es ist keineswegs harmlos, dagegen einzuwenden ‚heute wird niemand mehr in Rom verbrannt'. Menschen die in diese Inquisitions-Mühle kommen, werden psychisch gerädert und schließlich

41

unterschreiben sie praktisch alles. Jeder hat im Grunde irgend etwas unterschreiben müssen, auch die hoch verdienten Theologen Balasuriya und Dupuy. Sonst wären sie nicht durchgekommen. Ich habe mich schon deshalb geweigert nach Rom zu gehen, weil ich genau wusste, dass mir dieses Ordeal, diese Qual droht. Kein faires Verfahren, wie von der Menschenrechtserklärung der UNO gefordert, sondern eine Aufforderung zur Kapitulation, wie in allen totalitären Systemen üblich. Solange wir ein solches diktatoriales System haben, ist an eine Wiedervereinigung der getrennten Christen gar nicht zu denken. Und deshalb sage ich: Wir waren unter Papst Johannes XXIII. und auch noch unter Papst Paul VI. weiter. Auf diesen Stand müssten wir zumindest wieder zurückkehren. Ich hoffe nur, dass genügend Kardinäle bei der nächsten Papstwahl einsehen, dass wir nicht sehr weit kommen, wenn wir auf diesem jetzt eingeschlagenen Weg fortfahren.

Schuldbekenntnisse

Aber nun hat dieser Papst doch immerhin in Athen ein Schuldbekenntnis abgelegt gegenüber den Griechisch-Orthodoxen. Er hat ein Schuldbekenntnis abgelegt gegenüber den Juden. Er hat auch in Sachen Reformation Schuld eingestanden. Ist das nicht doch auch ein Zeichen des Umdenkens?

Ich bin ja nun nicht Ihr Beichtvater. Sonst müsste ich Ihnen sagen, dass es nicht genügt, eine Schuld zu bekennen. Sie müssten auch Besserung versprechen. Und nicht weniger wichtig: Sie müssten Taten der Genugtuung leisten. Die letzten Schuldbekenntnisse des Papstes waren zumindest deutlicher als das, was etwa im Petersdom in pompösen liturgischen Formen zelebriert wurde, wo man mit schönen Phrasen um die eigentliche Schuld herumredete. Es ist von Papst Johannes Paul II. in Athen ganz deutlich auf den Vierten Kreuzzug von 1204 hingewiesen worden, bei dem die Lateiner Mord und Totschlag und Zerstörung in Konstantinopel zu verantworten hatten. Das war eine erfreulich deutliche Sprache, die denn auch sehr positiv aufgenommen wurde. Die Griechen hatten nicht erwartet, dass einmal ein römischer Bischof kommen und so deutlich die Schuld eingestehen würde.

Das war sehr gut und wäre auch künftig die richtige Methode. Man müsste jetzt zum Beispiel mit dem Patriarchen von Konstantinopel, Bartholomaios I., der ein sehr aufgeschlossener Kirchenmann ist, darüber reden, was gemacht werden könnte, um die Beziehungen zwischen Konstantinopel und Rom zu normalisieren. Konstantinopel hat nie den Anspruch erhoben, der erste Bischofssitz zu sein, auch nicht im großen Konzil von Chalcedon bei Konstantinopel im Jahre 451. Es hat den zweiten Sitz beansprucht, weil Konstantinopel die neue Reichshauptstadt wurde. Der Patriarch von Konstantinopel hat also keine prinzipiellen Probleme, dem Papst im Prinzip den Vorrang zuzugestehen. Der Bischof von Rom ist auch der Patriarch des Westens, und er ist der Metropolit von Italien, was man oft vergisst. Und vor allem ist der Papst der Bischof einer Diözese, die keineswegs in bestem Zustand ist, nämlich der römischen. Über diese sehr verschieden gestuften Kompetenzen müsste man reden. Aber das Entscheidende in all diesen Fragen ist der freiwillige Machtverzicht Roms in Bezug auf die Gesamtkirche. Zwar nicht das Aufgeben aller Autorität, gar der pastoralen Autorität. Wichtig ist der Verzicht auf die theoretisch immer noch behauptete, mittelalterliche Macht des Papsttums, die im weltlichen Bereich aber längst verloren gegangen ist und nur im Kirchenbereich immer noch krampfhaft aufrechterhalten wird, obwohl sie sich nicht mehr durchsetzen kann – im Osten schon seit dem 11. Jahrhundert nicht mehr, in der reformatorischen Kirche seit dem 16. Jahrhundert nicht mehr.

Man sollte eigentlich annehmen können, dass der Repräsentant einer Institution, die sich auf Jesus von Nazareth beruft, die Bergpredigt Jesu ein wenig ernster nimmt und die Regeln, die dort über Machtverzicht stehen, in die Tat umsetzt. Das Neue Testament erwartet, dass man mit dem anderen nicht nur die von ihm verlangte eine Meile geht, sondern sogar zwei. Setzt man das im Hinblick auf die ökumenische Situation um, wäre im Grunde etwa Folgendes gemeint: Wir haben den Primat zwar einmal in einer bestimmten Situation und auf Grund einer ganz bestimmten historischen Entwicklung so definiert. Wir legen aber heute keinen Wert mehr auf jurisdiktionelle Ansprüche über die östlichen Schwesterkirchen. Wir möchten nach wie vor unsere römische Tradition, die auf den Apostelgräbern von Petrus und Paulus gründet, aufrechterhalten, wir möchten auch diesen petrinischen Dienst wahrnehmen, der nach dem Vorbild des Apostel Petrus ein Dienst der Stärkung der Brüder im Glauben sein soll. Aber wir möchten nicht dominieren, sondern wir möchten das sein, was seit Gregor dem Großen ein Titel der Päpste war: ,servus servorum dei', ,Diener der Diener Gottes'. Das hieße aber vor allem auch: Diener der orientalischen Kirchen. Wenn also über ein Schuldbekenntnis und eine bloß theoretische Affirmation dieses Dienstes hinaus praktische Konsequenzen sichtbar würden, eine wirkliche Besserung und Genugtuung, dann wäre über Nacht, buchstäblich über Nacht, sehr vieles zu regeln.

Können diese praktischen Konsequenzen nur vom Papst selbst ausgehen? Er hat ja in einer Enzyklika „Ut unum sint" angeregt, über das Papstamt nachzudenken.

Diese Anregung habe ich als einen, mit Verlaub gesagt, frommen Schwindel angesehen. Denn über das Papsttum ist wahrhaftig genug nachgedacht worden. Ich habe ja selbst auch einige Bücher zum Thema geschrieben, die im Vatikan sehr wohl bekannt sind. Es sind Bücher, die die Anliegen sowohl der östlichen Kirchen wie der Anglikaner und der reformatorischen Kirche aufgenommen haben. Also: Es geht nicht mehr darum, dass die anderen nachdenken, sondern dass der Papst selbst endlich zur Besinnung kommt und vor allem zur Tat, zur reformerischen Tat schreitet. Paul VI., ich habe das vor kurzem nochmals gelesen, hat eine großartige Rede über die Kurienreform gehalten und bekräftigt, dass die Kurie nicht alles beanspruchen sollte. Aber, was ist denn davon übrig geblieben? Wir haben doch heute wieder ein kuriales System par excellence.

In dieser Situation als Verantwortlicher selber dazu aufzufordern, man solle über das Papstamt nachdenken, erscheint mir als eine bloße Ausrede. Es wäre nicht einmal einem modernen Diktator eingefallen, die Bevölkerung aufzufordern, darüber nachzudenken, wie er sein Amt besser ausüben könnte.

Die Initiative muss vom Papst selbst ausgehen. Dafür braucht es den Druck von unten, natürlich vor allem von Seiten der Bischöfe, damit das absolutistische System in Rom geändert wird – mit Zustimmung des Papstes. Dafür würde ich das System Englands empfehlen, wo man durch eine „glorious revolution" und durch einige Verfassungsänderungen dem König die absolute Macht abgerungen und sie dem „House of Commons" gegeben hat. Wir brauchen tatsächlich eine Machtverlagerung von diesem absoluten Herrscher in Rom auf die nationalen Bischofskonferenzen und auf einen internationalen Bischofsrat, der wirklich mitentscheiden und nicht, wie jetzt wieder, nur ein Palaver veranstalten kann. Das ist etwas, was die Zustimmung des Papstes braucht und dazu den Druck von unten. Auch die englischen Könige haben die Macht nicht aus freien Stücken abgegeben.

Ein Pontifikat auf Lebenszeit ist doch eigentlich in der heutigen Welt überholt?

In einer Zeit, in der die Menschen immer älter werden, aber deswegen nicht immer auch gescheiter, ist es tatsächlich angemessen, über diese Frage nachzudenken. Ich hatte während des Konzils sehr gute Verbindungen mit dem Primas von Belgien, Kardinal Suenens, der den Vorschlag gemacht hat, dass die Bischöfe mit 75 Jahren zurücktreten sollten. Ich habe Suenens damals selbst gefragt: „Warum nehmen Sie denn den Papst aus?" Da antwortete er lächelnd: „Weil wir sonst die Abstimmung verlieren." Und das war auch richtig. Alle hätten gesagt: „Nein, aber der Heilige Vater selbst, der kann doch auf gar keinen Fall zurücktreten." Abgesehen davon, dass wir damals schon einen sehr betagten Papst hatten, so wäre das trotzdem nicht so einfach gegangen. Aber eine Altersgrenze für den Papst – das drängt sich in der Tat auf. Ich plädiere für Bischöfe auf Zeit wie in der evangelischen Kirche. Dass in der römisch-katholischen Kirche die Bischöfe so lange im Amt bleiben, ist keineswegs unbedingt notwendig. Aber immerhin, wir haben jetzt im Episkopat die Altersgrenze von 75 Jahren, die zumindest für fortschrittliche Bischöfe von Rom auch durchgesetzt wird, während reaktionäre Bischöfe oftmals viele Jahre länger im Amt bleiben dürfen. Aber auch für das Papsttum wäre eine Lösung angezeigt. Natürlich darf man nicht vergessen, dass ein Papst auch nach dem jetzt geltenden Kirchenrecht sein Amt verlieren kann. Das gilt nicht nur im Falle von Häresie oder von Schisma, denn auch ein Papst kann schismatisch werden, wenn er sich von der Kirche trennt. Sondern er verliert sein Amt und seine Macht auch automatisch bei Demenz, auch im Fall von Alzheimer. Ein solcher Fall würde die Kirche in eine so schwere Krise stürzen, dass man tatsächlich besser daran täte, hier langfristig eine juristische Lösung zu fördern.

Der nächste Papst

Wie sieht Ihrer Meinung nach das Modell der Zukunft, der Papst der Zukunft aus? Was sind die wichtigen Konstanten für den nächsten Papst? Wird es ein Italiener sein?

Welche Nationalität der nächste Papst haben wird, weiß keiner. Fest steht aus meiner Sicht nur, dass es nicht wieder ein polnischer Papst sein wird. Was schon anzeigt, dass viele – bis in die Ränge des Kardinalskollegiums hinein – den Stil dieses Papstes nicht wiederholt sehen möchten. Der nächste Papst muss in erster Linie ein Mann sein, der nicht vom römischen Kirchenrecht und vom Kirchensystem her kommt, sondern der Jesus selber wieder als den eigentlichen Impuls seines Handelns sieht, der vom Geist Jesu von Nazareth her die Fragen angeht. Das wäre das Entscheidende. Er sollte die Welt nicht im mittelalterlichen Paradigma sehen, sozusagen als eine Landkarte, auf der die wichtigsten Punkte die Marienheiligtümer sind. Er sollte realisieren, was mittlerweile an Freiheit in der Menschheit und in der Kirche gewachsen ist. Er müsste zur Kenntnis nehmen, dass man die Menschen im Zeitalter der Säkularisierung, der Pluralisierung und der Individualisierung nicht mehr wie Schafe behandeln kann. Der nächste Papst bräuchte beides: Die tiefe Verwurzelung im christlichen Geist, im Evangelium selber, und gleichzeitig eine Offenheit für die Welt – eine Offenheit, die voraussetzt, dass er sich die neuesten Entwicklungen differenziert zu eigen macht und nicht nach außen, wo es nichts kostet, etwas anderes vertritt als im Inneren, wo er selber gefordert ist.

Sie haben selbst mehrere Päpste bewusst erlebt – Pius XII.,
Johannes XXIII., Paul VI., Johannes Paul I., Johannes Paul
II. Für Sie hat Pius XII. gegenüber der Judenvernichtung
eklatant versagt.

Pius XII. hat beim Holocaust meines Erachtens in gleichem
Maße versagt wie der heutige Papst in der Frage der Bevöl-
kerungsexplosion. Ich bin überzeugt, dass man ein so stren-
ges Urteil über den jetzigen Papst in dieser Frage schon
heute fällen kann. Er ist mitverantwortlich für die Bevölke-
rungsexplosion und das aus ihr folgende Elend vor allem in
Afrika und Lateinamerika. Bei Pius XII. ist Kritik an seiner
Haltung zu den Juden während des Zweiten Weltkrieges
auch erst relativ spät auf den Tisch gekommen. Vor Hoch-
huths Drama „Der Stellvertreter" wurde darüber nicht offen diskutiert. Pius XII. war zwar kein rassistischer Anti-
semit, doch ist es keine Frage, dass er aus theologischen
Gründen antijüdisch eingestellt war. Er ließ es dabei angesichts einer beispiellosen Liquidierung von Millionen
jüdischer Männer und Frauen, Greise und Kinder an Be-
kennermut fehlen, der von einem gewöhnlichen Christenmenschen und erst recht von einem Papst erwartet wird.
Wenn ich darauf angesprochen werde, dass man diesen
Mann noch heilig sprechen will, zitiere ich immer das Wort
des ehemaligen Privatsekretärs von Pius XII., Jesuitenpater
Robert Leiber, den ich gut kannte. Er hat damals im Germa-
nicum, als Pius XII. noch im Amt war, auf die Frage eines
Mitstudenten „Ist Pius XII. ein Heiliger?" ganz energisch
geantwortet: „Nein, nein, ein Heiliger, das ist er nicht.
Aber er ist ein großer Mann der Kirche." Genau das war
Pius XII. – ein Mann der Kirche. Und als Mann der Kirche
schaute er in erster Linie eben auf das Überleben der kirchlichen Institution in der Zeit des Nationalsozialismus. Deshalb hat er Kompromisse und das verhängnisvolle „Reichs-
konkordat" mit dem „Führer" geschlossen. Da waren ihm

die Juden völlig unwichtig. Im Grunde hat er weder an einen Staat Israel geglaubt, noch ist er von den antijüdischen Vorurteilen losgekommen, die damals ein Großteil der Menschheit hatte. Man sollte also nicht den Fehler begehen und so tun, als ob der Antisemitismus nur ein Frage der katholischen Kirche war. Antisemitismus war schon immer auch in Frankreich, in Polen, in England und in den USA verbreitet. Der Antisemitismus ist bis heute in New York sehr stark, auch wenn niemand davon redet. Das sind Probleme, die nicht nur der katholischen Kirche zu denken geben sollten.

Nach Auschwitz wurde die Theologie in Deutschland fast weiter so betrieben, als hätte es Auschwitz nicht gegeben. Ist Auschwitz für die katholische Kirche und für den Dialog der römisch-katholischen Kirche mit dem Judentum nicht immer noch eine enorme Belastung?

Der Holocaust wird immer eine enorme Belastung bleiben. Fairerweise muss man feststellen, dass der Holocaust in Amerika nach dem Krieg auch keine große Rolle gespielt hat. In Amerika, wie übrigens auch in der Schweiz, hat man versagt. Zunächst muss man daher die Wahrheit eingestehen, wie sie ist, und versuchen, das gutzumachen, was noch gutzumachen ist. Andererseits glaube ich nicht, dass das Judentum auf Dauer überleben kann, wenn – wie das vielfach bei den säkularisierten Juden geschieht – der Glaube an Gott beinahe ersetzt wird durch den Glauben an den Holocaust. Der Holocaust kann auf Dauer nicht die identitätsstiftende Kraft des Judentums sein. Das habe ich im Band „Das Judentum" breit ausgeführt. Wir brauchen die Versöhnung. Versöhnen heißt Vergeben, nicht Vergessen. Das Verewigen der Schuld kann auch keine Lösung sein. Die Versöhnung stellt an beide Seiten erhebliche Anforderungen, an Christen und an Juden.

Ein Drittes Vatikanisches Konzil?

Könnte ein neues Konzil, ein Drittes Vatikanisches Konzil, den Weg in die Zukunft weisen?

Ein Drittes Vatikanisches Konzil – man hat auch manchmal gesagt, ein Zweites Konzil von Jerusalem, weil nicht alles auf den Vatikan konzentriert sein müsste – halte ich für dringend nötig. Wie das zu organisieren wäre, ist eine andere Frage. Etwa, ob wirklich jeder Bischof, bei einer weltweit stark gewachsenen Zahl von Bischöfen, teilnehmen sollte. Dieses Problem könnte durch Delegation gelöst werden. Allein schon die Diskussion bestimmter Fragen würde ihre Lösung bedeuten. Wenn das Zweite Vatikanische Konzil die Freiheit gehabt hätte, über die Frage der Geburtenregelung wirklich offen zu reden und nicht nur an einem Vormittag drei Interventionen anzuhören, nämlich die von Kardinal Suenens, dem Patriarchen Maximos und von Kardinal Leger von Montréal, dann hätten wir wohl den erwünschten Kurswechsel in Sachen Empfängnisverhütung bekommen – genauso wie in Fragen der Liturgie, der Religionsfreiheit oder des Judentums. Dasselbe wäre möglich gewesen, wenn über den Zölibat diskutiert worden wäre. Sicherlich hätte sich das Konzil für den freiwilligen Zölibat entschlossen. Insofern bedeutet allein schon die Diskussion sehr viel. Deshalb ist die Tätigkeit der Inquisition stets darauf gerichtet, möglichst schon die Diskussion zu unterbinden. Aber das gelingt heutzutage der römischen Inquisition nicht mehr: Das päpstliche Verbot, die Frauenordination auch nur zu diskutieren, wurde schlicht ignoriert. Die Zeiten, da solche Maßnahmen noch gegriffen haben, sind glücklicherweise vorbei.

Wäre es ein positives Signal für die Ökumene, wenn Rom Mitglied des Ökumenischen Rates in Genf würde?

Ja, selbstverständlich. Nur müsste natürlich irgendein Modus gefunden werden, der der Rolle Roms gerecht wird, ohne dass die römisch-katholische Kirche den Ökumenischen Rat dominieren würde. Denn man kann die „Kirchenfürsten" nicht alle alphabetisch aufreihen und den Papst unter P einordnen. Der Papst vertritt immerhin eine Kirchengemeinschaft, deren Mitgliedschaft gegen eine Milliarde tendiert und die doch weit mehr als die Hälfte der Christenheit ausmacht. Eine Mitgliedschaft der römisch-katholischen Kirche im ÖRK würde folglich eine andere Struktur erfordern.

Aber man darf nicht übersehen, dass gerade auch der Weltkirchenrat ganz wesentlich durch Rom darin blockiert worden ist. Rom hat zwar nach außen immer sehr ökumenisch getan. In Genf ist man ja froh um jedes Zeichen der Anerkennung von Seiten des Vatikans, aber im Prinzip ist man in keiner Frage ernsthaft weitergekommen, außer jetzt mit den Lutheranern in Sachen Rechtfertigung. Der Weltkirchenrat würde heute sehr viel besser dastehen, wenn Rom mitgeholfen hätte. Man darf nicht vergessen, dass es noch zur Zeit meiner römischen Studien verboten war, an irgendwelchen ökumenischen Veranstaltungen teilzunehmen, dass man sich noch 1948 unter Pius XII. strikt geweigert hat, auch nur einen Delegierten zur Gründungsversammlung des Ökumenischen Rats nach Amsterdam zu schicken. Erst unter Papst Johannes XXIII. ist dann die epochale Wandlung erfolgt. Nicht unter dem jetzigen Papst Johannes Paul II., sondern unter Johannes XXIII. Dieser Papst ist es gewesen, der Beobachter und Delegierte der

Kirchen, die bis dahin ignoriert worden waren, eingeladen und empfangen hat, der ihnen Einsicht in alle Konzilsverhandlungen gewährt und ihnen auch die Möglichkeit der Einflussnahme geboten hat. Das war ein exzellenter Beginn, und da müsste irgendwann einmal weitergemacht werden, und zwar nicht nur mit ökumenischem Tourismus, mit ökumenischen Gesten, Küssen und Umarmungen von bärtigen und nicht-bärtigen Kirchenfürsten. Hier müssten ökumenische Nägel mit Köpfen gemacht werden.

Es geht jetzt im Grunde nur darum, das, was schon von verschiedenen ökumenischen Kommissionen ausgearbeitet worden ist, etwa den Fragen Anerkennung der kirchlichen Ämter, Abendmahlsgemeinschaft oder Primat, ernst zu nehmen und dann endlich praktische Entschlüsse zu fassen. Das ewige Diskutieren ist nutzlos in einer Sache, wo man gar nicht vorankommen will. Und die Aufforderung der Blockierer zum Gebet um die Einheit ist reiner Hohn. Lange Diskussionen sind gar nicht notwendig, wenn man wirklich Macht abgeben möchte. Wie ja Johannes XXIII. das ökumenische Konzil ohne lange Diskussion einberufen hat. Noch einmal: Der Fortschritt in der Ökumene ist mehr eine Frage des politischen Willens als der theologischen Reflexion.

Der missionarische Islam

Herr Professor Küng, wenn man den Blick auf die Weltreligionen richtet, dann hat man den Eindruck, im Islam oder im Buddhismus wird die Frage, wie gehe ich mit anderen Religionsgemeinschaften um, bei weitem nicht so intensiv diskutiert wie in der römisch-katholischen Kirche. Ist dieser Eindruck richtig?

Der Eindruck ist richtig. Das hängt natürlich auch damit zusammen, dass wir in der Christenheit aufgrund dieser Paradigmenwechsel sowohl der Reformation wie auch der Moderne in der Entwicklung weit voraus sind. Das darf man in aller Bescheidenheit sagen. Das Judentum hat immerhin eine entwickelte Theologie, beim Islam ist es schon etwas schwieriger, eine heutige islamische Theologie auf gleichem Niveau zu finden. Es gibt gute Arbeiten, aber doch nicht so viele, wie man bräuchte.

Insofern ist der Islam ein wenig in der Situation der Katholiken im 19. oder auch zu Beginn des 20. Jahrhunderts, als die katholische Theologie, in Unfreiheit gehalten, einfach nicht genügend exegetische und historische Arbeit geleistet hatte, um den Herausforderungen der protestantischen Theologie gewachsen zu sein. Damals haben auch Katholiken versucht, Diskussionen möglichst auszuweichen, weil sie sie im Grunde nur verlieren konnten. Eine Abkapselung aus Angst! Man hat sich dann darüber beschwert, ,catholica non leguntur', die katholischen Werke würden nicht gelesen, aber im Grunde war es ja umgekehrt. ,Protestantica non leguntur', protestantische Werke durften nicht gelesen werden, oder sie wurden nicht ernst genommen. Erst sehr spät durfte die katholische Exegese die historisch-kritische Methode gebrauchen. Etwas früher haben Kirchengeschichtler angefangen, eine kritische Papst- und Kirchengeschichte zu schreiben. So waren wir Katholiken schließlich auf einen Dialog vorbereitet.

Im Islam ist das alles noch etwas schwieriger, Koranexegese und Koranhermeneutik sind offene Fragen. Auch die Geschichte der islamischen Eroberungen müsste von Muslimen kritisch aufgearbeitet werden. Man kann nicht ständig davon reden, dass die Christen den Muslimen dies und das angetan haben, was in der Tat ja nicht nur zu bedauern, sondern auch gutzumachen ist. Aber man muss gleichzeitig auch sehen, dass es eine frühe Periode des Islam gibt, in der das Christentum in seinen Ursprungsländern faktisch ausradiert wurde. Das kann man selbstverständlich auch nicht rückgängig machen. Genau das sind die unaufgearbeiteten Fragen, die für Muslime unbequem sind und denen man sich nicht so gerne stellt.

Man hört immer wieder von Verurteilungen von kritischen Schriftstellern und von Theologen, die sich um eine historisch-kritische Koranexegese bemühen. Sie müssen zum Teil ihr Land verlassen, werden vor Gerichte gestellt etc. Wirkt das für das Projekt Weltethos erschwerend, vielleicht sogar erschreckend?

Ich habe mit allen möglichen Muslimen diskutiert, auch in konservativen Gegenden in Saudi Arabien, im Iran, in Pakistan und Nigeria. Man muss natürlich wissen, dass die Muslime mehr Probleme haben mit dem Koran als wir mit der Bibel, insofern der Koran als wörtlich diktiertes Wort Gottes ernst zu nehmen ist. Einen solchen Anspruch erhebt weder die hebräische Bibel noch das Neue Testament. Wenn man freilich sieht, wie die Bibel von fundamentalistischen Juden oder fundamentalistischen Christen wörtlich verstanden wird, kommt es ungefähr auf das gleiche heraus. Die Probleme etwa mit dem Schöpfungsbericht, wenn er wörtlich genommen wird, hat der Islam nicht, weil der keine so ausführliche Darstellung der Schöpfung kennt. Der Islam, wie auch das Judentum, hat dafür mehr Probleme mit den praktischen Gesetzesvorschriften.

Jede Religion hat ihre Probleme, und jede Religion hat in ihrer Tradition helle und dunkle Seiten. Man muss in den religiösen Zeugnissen für das heutige Verständnis die positiven Seiten herausheben und nicht die negativen. Das ist eine große Aufgabe – und sie wird dort angenommen, wo Dialog geübt wird. Ich bin überzeugt: Das wird immer mehr kommen. So wie etwa in der Zeit des Hellenismus das Judentum der Diaspora eine große Rolle gespielt hat, spielt heute der Islam der Diaspora eine große Rolle. Es gibt heute in ganz Europa Millionen von Muslimen, die jetzt schon die zweite und dritte Generation bilden. Und es gibt heute immer mehr Gebildete unter den Muslimen, nicht nur sogenannte ‚Gastarbeiter‘. Diese Entwicklung führt dazu, dass wir immer kompetentere Gesprächspartner bekommen. Diese ihrerseits wirken zurück auf ihre Heimatländer, auf die Türkei oder auf Nordafrika oder woher sie auch immer kommen. Hier ist zur Zeit alles in Bewegung.

Ist denn der Eindruck richtig, dass der Islam zur Zeit eine stärkere missionarische Bewegung ist als die römisch-katholische Kirche?

Die Muslime machen zum Teil nach, was ihnen die römisch-katholische Mission vorgemacht hat. Wenn Sie die muslimischen Heftchen anschauen, in denen alle Moscheen abgebildet sind, die wieder neu gebaut wurden, dann sehen sie so aus wie die katholischen Missionsheftchen der vorkonziliaren Zeit, wo man die missionarischen Eroberungen auch in einer Weise dokumentierte, dass man in aller Welt neu gebaute Kirchen fotografiert und die neuen Missionsstationen als stolze „Eroberungen" präsentiert hat. Auch dass etwa von Saudi-Arabien Gelder in andere Länder gepumpt werden, ist wahrhaft nicht dort erfunden worden. Das haben die Christen ja alles vorgemacht. Ich kann mich noch gut an eine Diskussion in Lagos, Nigerias Hauptstadt, erinnern, wo sich katholische und evangelische Missionare darüber beklagten, dass die Muslime so viel Geld aus dem Ausland bekommen. Ich habe dann nur gefragt: „Wann waren Sie zum letzten Mal in Stuttgart (bei ‚Brot für die Welt' und der ‚Diakonie')? Und Sie in Aachen (bei ‚Missio' und ‚Misereor')?" Da fingen alle lauthals zu lachen an, weil sie sich durchschaut fühlten. Und wir mussten über diesen Punkt nicht mehr lange diskutieren. Denn es war klar, dass Unterstützung durch die Missionswerke im christlichen genauso wie im islamischen Bereich praktiziert wird. Man kann nicht den Saudis das verübeln, was die Christen in Deutschland genauso tun. Es ist nur zu hoffen und energisch zu fordern, dass mit der Zeit sich auch in Saudi-Arabien religiöse Toleranz durchsetzen wird. Denn das ist sicher ein großes Defizit des Islam gerade in konservativen Ländern, dass dort keine echte Religionstoleranz existiert und praktiziert wird.

In Saudi-Arabien darf man nicht einmal mit einem Kreuz an einem Kettchen einreisen. Warum dieser Mangel an Toleranz?

Es war auch in Polen oder Spanien früher nicht ganz leicht, Protestant oder Jude zu sein. Überall, wo eine sehr einheitliche Gesellschaft existiert, wo vor allem eine Identifikation von Religion und Staat stattfindet, gibt es Schwierigkeiten mit der gelebten Toleranz. Insofern müssten auch die islamischen Länder, wie die katholischen Länder, inzwischen

Toleranz gelernt haben. Vor dem Zweiten Vatikanischen Konzil wurden zum Beispiel ständig Klagen erhoben gegenüber Spanien. Das katholische Franco-Spanien war auch nicht gerade ein Musterbeispiel von Toleranz, Portugal war kein Land der Toleranz, auch Irland nicht, das katholische Lateinamerika war ebenso wenig ein von Toleranz geprägter Kontinent. Das Konzil hat bei uns glücklicherweise vieles in Bewegung gebracht. Es wäre gut, wenn im Islam auch so etwas wie ein Konzil stattfinden würde, wo über solche Fragen offen geredet würde. Bei Saudi-Arabien kommt noch hinzu, dass diese riesige arabische Halbinsel durch das Meer isoliert ist. Durch die Abgeschlossenheit der kargen Wüstenlandschaft, gesegnet mit Öl, kann sich das Land ein anderes Abgeschiedensein leisten als ein Durchgangsland wie Deutschland oder selbst das heutige Polen.

Auf dem afrikanischen Kontinent gewinnt der Islam sehr stark an Zustimmung. Liegt es auch daran, dass der Islam in seinem Angebot einfacher zu verstehen ist, auch einfachere soziale Strukturen hat als das Christentum?

Der Islam hätte sich schon im siebten Jahrhundert im Nahen Osten und in Nordafrika nicht so rasch durchsetzen können, wenn er neben seinen Armeen nicht auch eine relativ einfache Dogmatik gehabt hätte. Im Grund haben die ganzen christologischen Streitigkeiten auf den Konzilien die Fragen der Christologie nie richtig geklärt, sondern zunehmend verkompliziert. Sie haben das Volk verwirrt, so dass im Grunde niemand mehr so richtig wusste, warum man diese komplizierten Glaubenslehren glauben soll. In dieser Situation war es natürlich eine einfache Botschaft, wenn Vertreter des Islam kamen und sagten: „Ihr könnt nach wie vor an den einen Gott glauben und auch an Jesus als den Propheten. Aber macht ihn nicht zu Gott." Das war die sehr einfache Botschaft des „letzten Propheten Muhammad": Es gibt keinen Gott außer Gott, und Muhammad ist sein Prophet, das Siegel der Propheten. Alle anderen Propheten werden durch ihn anerkannt und bestätigt.

Hinzu kam, und das hat sicher bis heute Auswirkungen in Schwarzafrika, dass der Islam, der aus dem arabischen Kontext stammt, gegenüber Stammesreligionen eine tolerantere Einstellung hatte. Die Vielehe, die noch im Alten Testament bei den Patriarchen und auch in der Stammesgesellschaft Afrikas eine Selbstverständlichkeit war, wurde im Koran toleriert. Das hat es noch viel leichter gemacht, in christianisierte Gebiete einzudringen, wo christliche Missionare zum Teil sehr rigorose Forderungen erhoben. Das heißt ja nicht, dass man nicht auf Monogamie hinwirken sollte. Aber wenn Sie mit Missionaren in Afrika sprechen, werden Sie feststellen, dass es doch nicht so ganz einfach ist. Sie können da von ganz amüsanten Diskussionen berichten, wenn etwa einem Stammeshäuptling gesagt wird, er solle nur noch eine Frau behalten. Ja, welche denn? Die älteste? Da wäre er ja schön dumm, sagt er. Oder die jüngste, aber das ist ja nicht die erste. Sie können sich vorstellen, dass es hier trotz des humorvollen Tons doch um eine sehr ernsthafte Diskussion geht, wie man nämlich mit solchen jahrhundertealten Riten und Bräuchen umgeht. Auch die Germanen sind ja nicht an einem Tag „zivilisiert" worden. Der Islam war manchmal verständnisvoller als die christliche Mission zölibatärer Männer, deren Ehelosigkeit den Muslimen zuallerletzt einleuchtete.

Hat das Christentum auf dem afrikanischen Kontinent eine Zukunft?

Es gibt viele Kirchen in Schwarzafrika, die sehr lebendig sind. Damals, 1955 auf dem Dach der Kathedrale von Karthago, sagte mir der Provinzial der Weißen Väter, er werde nun alle Missionare aus dem arabischen Nordafrika abziehen und im subsaharischen Schwarzafrika einsetzen. In Schwarzafrika gibt es zweifellos viele blühende christliche Gemeinden, sowohl katholische als auch evangelische. Auch sehr viele unabhängige Kirchen, die sich selbst zusammengeschlossen haben. Das ist eine ganz große Bewegung, in der es auch Propheten gibt, christliche Propheten, die eine wichtige Funktion haben. Man sollte jedenfalls nicht versuchen, hier wieder bestimmte europäische Formen durchzusetzen – vorzuschreiben, wie man im Gottesdienst kniet und sitzt etc. Afrikaner wollen nicht steif und unbewegt „wie Statuen" beten, sondern sich beim Gebet bewegen. Das ist ja auch in Asien ganz anders als bei uns. Und natürlich ist auch der sprachliche Ausdruck ganz anders. Wenn man zum Beispiel von Rom aus versucht, sogar gewisse Sprachformen durchzusetzen und darauf besteht, dass alles wörtlich aus dem Lateinischen übersetzt wird, hilft das den Kirchen in Afrika überhaupt nicht, sondern lässt den Gottesdienst vertrocknen.

Es geht darum, Inkulturation zuzulassen, d. h. die Entwicklung einer Form von Christentum, welche die kulturellen Traditionen Afrikas wahrnimmt, ernst nimmt und integriert. Inkulturation ist zum Teil bereits erfolgt, aber sie müsste konsequent weitergetrieben und nicht behindert werden. Man kann nicht erwarten, dass jeder afrikanische Christ die gesamte Dogmenentwicklung der westlichen Christenheit mitmacht und versteht. Ein Glaubensbekenntnis, das ein Konzil des vierten/fünften Jahrhunderts mit hellenistischen Begriffen formuliert hat, verstehen Afrikaner wie auch viele Europäer nur bedingt. Die Norm sollte nicht irgendein Konzil sein, sondern das Neue Testament selber. Die biblische Botschaft muss wieder neu in Predigt, Verkündigung, Katechese in die heutige Zeit hinein übersetzt werden. Es hilft wenig, wenn ein kiloschwerer Weltkatechismus zur Norm gemacht und auf die Schultern der Menschen geladen wird, ohne dass man einen Finger bewegt um zu helfen. Die Inkulturation betrifft nicht nur die liturgischen Riten, sondern in erster Linie die Verkündigung, die Predigt, die Katechese.

Zurück zum Kontext Christentum / Islam und zur Bedeutung des Jesus von Nazareth. Ist dieser Jesus nicht im Dialog der drei großen monotheistischen Religionen Judentum, Christentum und Islam die zentrale Problemgestalt?

Natürlich. Wobei man im Islam im Unterschied zu asiatischen Religionen immerhin voraussetzen darf, dass Jesus, Isa, hier eine große Rolle spielt – vor allem im Koran. Kein Muslim käme je auf die Idee, Böses gegen Jesus zu sagen. Im Gegenteil, man kann eine ganze Jesulogie aus dem Koran heraus entwickeln; Dr. Martin Bauschke, Mitarbeiter der Stiftung Weltethos, hat jetzt ein schönes Buch über Jesus im Koran geschrieben. Nur eines sagt der Koran natürlich sehr klar von Jesus: „Macht ihn nicht zum Gott."

Das ist der springende Punkt. Insofern wird der Begriff „Sohn Gottes" im Islam abgelehnt. Nicht zuletzt auch deshalb, weil man die Aussage „Sohn Gottes" biologisch versteht. Man meint tatsächlich, manchmal sogar völlig verfälschend, Gott habe etwas mit Maria „gehabt", und das Produkt sei der Sohn Gottes. Wenn man nur die traditionelle Trinitätstheologie und Christologie kennt, so bieten diese natürlich sehr viele Probleme für alle semitisch Denkenden. Angenommen, die Judenchristenheit, aus der ja das Christentum heraus gewachsen ist, wäre auf dem Konzil von Nicäa repräsentiert gewesen: Sie hätte einige Formeln sicher nicht akzeptiert. „Eines Wesens mit dem Vater" – diese vom Kaiser eingebrachte christologische Formel hätte wohl kein Judenchrist unterschrieben, wie sie heute auch kein Muslim und kein Jude akzeptiert. Keiner von diesen Judenchristen hätte etwas gegen die Vorstellung gehabt, dass Jesus der Sohn Gottes im Sinne der Repräsentanz Gottes ist: „Es sprach der Herr zu meinem Herrn, setze Dich zu meiner Rechten." (Ps. 110) Es handelt sich hier um eine der wichtigsten christologischen Aussagen: Jesus ist der Stellvertreter, und der Stellvertreter kann unter Umständen auch Sohn genannt werden: „Mein Sohn bist Du. Heute habe ich Dich gezeugt." (Ps. 2) Das ist so zu verstehen, wie es in der Bibel – für den Tag der Inthronisation des Königs – heißt: Gott habe den König von Israel „gezeugt". Ähnlich formuliert das Neue Testament vom Auferweckten. Am Tage der Auferweckung sei Jesus aufgenommen worden zu Gott und sitze nun zur Rechten des Vaters als sein „Sohn". Solche Vorstellungen könnten vom Islam durchaus verstanden werden.

Was Muslime freilich nicht verstehen, ist, wenn man, wie das sehr häufig im Christentum geschieht, einfach sagt „Jesus ist Gott", statt zu sagen: „Jesus ist der Sohn Gottes" – wenn also der eine Gott und Vater (nach dem NT „*der* Gott") faktisch hinter Jesus verschwindet. Nicht selten hört man zum Beispiel schon Kinder sagen „Hier am Kreuz, das ist Gott." Der Unterschied zwischen Gott, dem einzigen Gott, dem Vater, und Jesus, dem Sohn, ist wesentlich, ja entscheidend, denn es handelt sich hier um einen personalen Unterschied.

Auch wenn der Prophet Mohammed ein nachchristlicher Prophet ist, kann man ihm nicht einfach absprechen, dass er ein Prophet ist. Er hatte mehr Erfolg als die meisten anderen Propheten. Dieser Prophet Mohammed tritt als „Warner" auf. Und seine Warnungen gegenüber einer unbiblisch überhöhten Christologie sollten meines Erachtens auch heute noch ernst genommen werden. Jedenfalls habe ich festgestellt: Wer sich in der neutestamentlichen und alttestamentlichen Exegese gut auskennt, kann selbst über diese schwierigen Fragen der Christologie und der Trinitätslehre mit Muslimen reden. Das heißt nicht, dass man sich gleich einigt. Aber die Trinitäts-Formel, die ich immer verwende, ist für Muslime verständlich: Gott als der Vater über mir, Jesus als mein Bruder neben mir, der Heilige Geist als Gott in mir. Auch über diese schwierige Frage der Trinität ist also zumindest insofern eine theologische Verständigung möglich, als man sich nicht gegenseitig als böswillig oder verrückt erklären muss.

Sie haben eine gewisse Sympathie für den Islam?

Ich habe nie die Versuchung gehabt, Muslim zu werden. Man kann auch viel gegen den Islam einwenden. Ich kenne mittlerweile diese Einwände sehr gut. Insofern habe ich Sympathie für den Islam wie auch für das Judentum. Ich habe auch für die chinesische Religion sehr viel Sympathie. Ich kann von jeder Religion sagen, was mir an ihr gefällt, und auch, was mir weniger an ihr gefällt. Mir liegt eigentlich mehr an der Sympathie zu den Muslimen als Menschen und an der Sympathie zu den Juden und Chinesen als Menschen. Diese andersgläubigen Menschen müssen merken, dass man ihre Religion kennt, dass man sie respektiert, dass man Verständnis für sie hat, um so eine Vertrauensbasis zu schaffen. Das wichtigste im ökumenischen Dialog ist die Vertrauensbasis. Die anderen Vertreter der Religionen sollten wissen: Da haben wir einen ehrlichen Gesprächspartner, der macht uns nichts vor und ist selbstkritisch, und wir haben einen verständnisvollen Dialogpartner, der versucht, uns zu verstehen und der uns nicht aufs Glatteis führen will oder gleich mit all den negativen Klischees kommt. Das sind wichtige Voraussetzungen für ein gelingendes Gespräch und insofern spielt die Sympathie und das Emotionale im interreligiösen Prozess selbstverständlich eine große Rolle.

Wenn das Wissen über die andere Religion, über den Gesprächspartner eine so große Rolle spielt, dann bedeutet das in der Konsequenz: Schon in den Schulen müsste möglichst früh über die anderen Religionen informiert und diskutiert werden.

Man sollte die Glaubenslehre des anderen, die ja oft gar nicht so schwierig zu verstehen ist, zumindest in den elementaren Zügen kennen. Mein besonderes Anliegen ist dabei, dass man schon in den Schulen das gemeinsame Ethos kennen lernt. Deswegen lässt unsere Stiftung die Ausstellung „Weltreligionen – Weltfrieden – Weltethos" in mehreren Auflagen durch Deutschland, Österreich und die Schweiz reisen. Deswegen haben wir auch eine begleitende attraktive Broschüre entwickelt, die die Weltreligionen mit ihren ethischen Leitsätzen zeigt und belegt, wie viel Übereinstimmung vorhanden ist. Es darf einfach nicht mehr so sein, dass man denkt: ‚Ein Muslim darf morden oder lügen oder ich weiß nicht was'. Solche Vorurteile müssen ersetzt werden durch ein Bewusstsein, dass wir in den elementaren ethischen Standards übereinstimmen.

Können sich Muslime mit dem Projekt Weltethos identifizieren? Ist für sie die Idee Weltethos überhaupt akzeptabel?

Schon die Erklärung zum Weltethos des Parlaments der Weltreligionen in Chicago 1993 ist auch von muslimischen Vertretern unterschrieben worden. Und gerade in Deutschland hat dieses Projekt unter Muslimen sehr viel positives Echo ausgelöst. Im internationalen Bereich haben sich hervorragende Muslime wie Prinz Hassan von Jordanien für die Gemeinsamkeit in ethischen Standards und gegen den Terrorismus ausgesprochen. Und es war der iranische Staatspräsident Khatami, der schon 1998 in der Vollversammlung der Vereinten Nationen den „Dialog der Zivilisationen" – in Antithese zum „Zusammenprall der Zivilisationen" – auf die Tagesordnung der UNO gesetzt hatte. Mit Altbundespräsident Richard von Weizsäcker gehöre ich einer zwanzigköpfigen „Group of Eminent Persons" an, die für Generalsekretär Kofi Annan einen gedruckten Bericht über ein neues Paradigma internationaler Beziehungen ausgearbeitet hat. Dieses Buch mit dem Titel „Crossing the Divide", in der deutschen Ausgabe „Brücken in die Zukunft", wurde am 8./9. November 2001 dem Generalsekretär und der UN-Vollversammlung vorgesellt. Es wurde über den Dialog der Zivilisationen diskutiert und eine Resolution verabschiedet. Damit haben die Ideen des Projekts Weltethos die UNO-Ebene erreicht.

Der 11. September 2001 und die Folgen

Herr Professor Küng, seit dem 11. September 2001, seit den Anschlägen von New York und Washington hat sich die Welt verändert. Auch das Verhältnis zu den Muslimen droht umzuschlagen – vielfach aus Unkenntnis. Daher die Frage: Lässt sich Terrorismus durch den Koran rechtfertigen?

Die terroristische Attacke auf die USA ist von der überwältigenden Mehrheit der Muslime sofort als unislamisch verurteilt worden. Individueller oder staatlicher Terrorismus gilt unter den Muslimen allgemein als eine Pervertierung des Islam. Auch im Koran wird dazu aufgefordert, Böses mit Gutem zu erwidern oder abzuwehren (Sure 13, 22). Die Menschen sollen mit Weisheit ermahnt werden, „auf die beste Weise mit Gegnern zu streiten" (16, 125), und das meint offensichtlich: nicht mit Gewalt, sondern auf friedliche Weise. Zentrale Koranaussage ist der von Muslimen immer wieder zitierte Grundsatz: „Kein Zwang in der Religion" (2, 256).

Das Ziel dieser Terrorgruppen ist primär ein politisches. Sie wollen die Macht treffen, die nach ihrer Auffassung die Hauptursache ist für die Demütigung der Palästinenser und überhaupt der Verachtung der arabischen Nationen, für die natürlich nicht nur die Amerikaner, sondern letztlich auch der Kolonialismus der Europäer verantwortlich war. Man wollte nicht etwa christliche Institutionen treffen, sondern das kommerzielle und das militärische Zentrum der Vereinigten Staaten. Die Motivationen freilich sind auch durch die religiösen Hintergründe dieser Leute mit beeinflusst.

Sie sehen in den westlichen Großmächten die Feinde Allahs und des Islam.

Noch einmal nachgefragt, worin sehen Sie die Ursachen für die plötzliche Verschärfung der Konfrontation zwischen dem Islam und dem Westen, besonders mit Amerika?

Jegliche monokausale Erklärung greift zu kurz. Ernst zu nehmen sind zunächst einmal die Ressentiments der Araber gegenüber dem Westen: Die Wunden des europäischen Kolonialismus und Imperialismus, als mehr als ein Jahrhundert lang fast die gesamte islamische Welt von Marokko bis Indonesien unter der militärischen, wirtschaftlichen und politischen Herrschaft Englands, Frankreichs, Russlands und der Niederlande stand, sind noch keineswegs verheilt; schließlich sind auch die Ressentiments gegen die Präsenz der USA am Persischen Golf nicht zu vernachlässigen: Der Angriff auf das islamische Brudervolk Irak und die massive Präsenz amerikanischer Truppen auf „heiligem arabischem Boden" nahe bei Mekka und Medina war für Fanatiker wie bin Laden, der ursprünglich von Amerika aufgerüstete Bundesgenosse, Anlass zum Frontwechsel gegen Amerika. Die Unterstützung undemokratischer Regime, auch in Kuwait nach dem Golf-Krieg, hat den Anti-Amerikanismus verstärkt. Die Dauerpräsenz von zehntausenden amerikanischer Soldaten in der Golfregion seit dem Golfkrieg wird von vielen Muslimen als Demütigung und Demonstration amerikanischer Hegemonie verstanden; zudem spielen die Ressentiments gegen Israel als amerikanischen Brückenkopf im arabischen Raum eine Rolle: Über fünfzig Jahre praktisch parteiliche „Vermittlungspolitik" der USA für Israel (Schimon Peres: „52 Jahre haben die USA Israel keinen Wunsch abgeschlagen") haben vor allem die Palästinenser, deren Situation sich ständig verschlimmert hat, an der ehrlichen Maklerschaft der Vereinigten Staaten für den Frieden zweifeln lassen. Der Nahost-Konflikt ist im Kern nicht ein terroristisches Problem, sondern ein Territorialkonflikt. Wenn es nach 50 Jahren nicht endlich gelingt, eine friedliche Nachbarschaft zwischen Israel und einem lebensfähigen Palästinenserstaat zu erreichen, wird man immer wieder mit Terrorangriffen inner- und außerhalb der Region rechnen müssen. Friede erfordert ein Nachgeben von beiden Seiten, vor allem aber von Seiten des Stärkeren, und das ist heute Israel, mit Unterstützung der USA ist es die stärkste Militärmacht im Nahen Osten.

Die Spirale der Gewalt scheint sich weiter zu drehen. Muss es, darf es Vergeltung geben – aus theologischer Sicht?

Auch die große Masse der Muslime in Deutschland und in der Welt ist über die Terrorangriffe bestürzt. Die Schuldigen sind aufzuspüren und, wenn sie unzweifelhaft feststehen, abzuurteilen. Gewaltanwendung kann bei ihrer Festnahme nicht ausgeschlossen werden. Zugleich jedoch sollten die USA (und Israel) ihre Opposition gegen die Einrichtung eines Internationalen Strafgerichtshofs in Den Haag aufgeben.

Reine Racheaktionen sind durch Völkerrecht verboten. Gegen das „Aug um Aug, Zahn um Zahn" der Hebräischen Bibel verstößt, wer dem Gegner „zwei Augen" nimmt oder „mehrere Zähne" einschlägt und mit Panzern, Hubschraubern und Raketen gegen Unschuldige und Steine werfende Jugendliche vorgeht. Gegen das christliche Vergeltungsverbot, demzufolge Böses nicht mit Bösem vergolten werden soll, vergeht sich, wer in einem „Kreuzzug" jegliches militärische Mittel zur Bestrafung einer Nation, in der sich Attentäter aufhalten, als berechtigt ansieht („humanitäre Kollateralschäden"). Glücklicherweise hat man in Washington die Strategie des „einen großen Schlages" (gegen Afghanistan, Irak und Syrien) zugunsten einer diplomatischen Anti-Terror-Allianz zunächst aufgegeben. Rache, „Revanche", die Unrecht durch noch größeres Unrecht beantwortet, hat in der europäischen Geschichte und in anderen Teilen der Welt unendlich viel Elend über die Völker gebracht. Willkürliche Bombardements bewirken nichts, sondern stacheln nur den Hass an. Terror darf nicht mit Terror beantwortet werden, sondern nur mit den Mitteln eines Rechtsstaats.

Die Amerikaner wollten ihre Militäraktionen zunächst unter das Motto „Infinite Justice" – grenzenlose Gerechtigkeit – stellen!

Die deutsche Übersetzung „grenzenlose Gerechtigkeit" ist unrichtig (dies wäre im Englischen „boundless, unlimited justice"). „Unendliche Gerechtigkeit" ist wie „unendliche Barmherzigkeit" ein Gottesattribut, das den Menschen nicht zusteht. „Fiat iustitia, pereat mundus" wäre als Prinzip der Weltpolitik mörderisch. Der alte Satz „Summum ius – summa iniuria" („höchstes Recht – höchste Ungerechtigkeit") warnt vor der Verabsolutierung des Rechts à la Michael Kohlhaas, die zu Mord und Totschlag, Unrecht und Unmenschlichkeit führen kann. Es geht nicht um einen apokalyptischen Kampf zwischen Gut („wir") und Böse („sie"). Erfreulicherweise hat die USA-Regierung „Infinite Justice" jetzt ersetzt durch „Enduring Freedom" („nachhaltige Freiheit").

Ist der Krieg das richtige Mittel, um die Welt vom Terrorismus zu befreien?

Es geht hier um den terroristischen Angriff Einzelner auf allerdings höchst wichtige Zentren der USA. Aber es geht zweifellos nicht um einen Krieg, in den man ziehen kann wie damals gegen Japan oder gegen den Irak. Glücklicherweise dämmert es in Washington inzwischen vielen, dass die Auseinandersetzung mit dem Terrorismus nicht gewonnen werden kann durch Flottenverbände und Flugzeuggeschwader. Selbstverständlich soll man die Verbrecher suchen und wenn möglich vor Gericht stellen. Vielleicht haben jetzt auch die Vereinigten Staaten und Israel ein Interesse an einem Weltstrafgerichtshof, den sie bisher immer sabotiert haben. Aber im Übrigen käme es vor allem darauf an, zur Besinnung zu kommen und ein neues Paradigma internationaler Beziehungen zu realisieren. Noch allzu sehr leben wir im alten Paradigma der Konfrontation, der Macht- und Prestigepolitik. Es käme darauf an, das Paradigma der Annäherung, Verständigung und Versöhnung, wie es in der Europäischen Union glücklicherweise nun realisiert wurde, auch in anderen Teilen der Welt, vor allem aber im Nahen Osten zu verwirklichen. Die Auseinandersetzung darf nicht in erster Linie mit militärischen Mitteln geschehen, es geht um eine politische, geistige, ethische Bewältigung der Probleme. Wir sollten uns bewusst werden, dass alle großen Religionen dieselben elementaren ethischen Prinzipien haben. Basis für ein gemeinsames Menschheitsethos, ein Weltethos. Schon die Beachtung der Goldenen Regel würde uns in der großen Politik wie im Alltag helfen. ,Was du nicht willst, das man dir tu, das füg auch keinem andern zu!', heißt es in dem bereits bei Kindern bekannten Sprichwort.

Hat Ihr Engagement durch die tragischen Ereignisse vom 11. September 2001 eine neue Wertigkeit bekommen?

Durch die Tragödie in den USA ist vielen die Dringlichkeit des Projekts Weltethos überhaupt erst aufgegangen: Kein Frieden unter den Nationen ohne Frieden unter den Religionen, und kein Frieden unter den Religionen ohne Dialog zwischen den Religionen. Wenn dieser Dialog nicht stattfindet oder abgebrochen wird, so ist die Alternative die Gewalt: Wenn nicht miteinander geredet wird, so wird aufeinander geschossen. Nicht nur im Islam, auch im Judentum und Christentum, ja auch in den östlichen Religionen besteht die Gefahr, dass Religion zu politischen Zwecken instrumentalisiert wird. Dann entsteht ein hochexplosives Gemisch aus Religion und Politik. Fanatisierte Religion wird zu einer Gefahr für den Weltfrieden. Wenn der ungeheure Staub, der in der Folge der Terrorangriffe aufgewirbelt wurde, sich ein wenig gesetzt hat, muss es zu einem neuen und verstärkten Dialog kommen. Und immerhin ist das Interesse an interreligiösem Dialog und an Weltethos auch in den Kreisen gestiegen, die diesbezüglich vorher zurückhaltend waren.

Der Islam – eine aggressive Religion?

Eines Ihrer Hauptanliegen ist: Kein Weltfrieden ohne Religionsfrieden. Beim Islam muss aber das Stichwort „Dschihad" fallen. Hat nicht der Islam in der Gegenwart immer noch den Ruf – oder den Anspruch –, eine besonders aggressive Religion zu sein? Gerade in der aktuellen Auseinandersetzung mit dem Taliban und Osama bin Laden ist „Heiliger Krieg" ein zentraler Begriff.

Auch das Christentum hat durch lange Jahrhunderte diesen Eindruck erweckt. Wir Christen haben zwar immer viel von Liebe geredet, aber unsere Kolonialpolitik hat seit der Entdeckung Amerikas bis ins 19. Jahrhundert, ja bis zum Ersten Weltkrieg faktisch das Gegenteil bewiesen. Daher meine ich, wir sollten etwas vorsichtiger sein, wenn wir uns als die friedensstiftende Religion der Liebe darstellen und den Islam als die Religion des „Dschihad".

„Dschihad", das hat sich ja inzwischen hoffentlich herumgesprochen, heißt nicht „Heiliger Krieg", sondern „Anstrengung", moralische Anstrengung. Nun kann sicher auch kein Muslim bestreiten, dass Dschihad im Koran und in der Scharia öfters im Zusammenhang von Krieg gebraucht wird. Es stimmt auch, dass durchaus erwartet wurde, dass Glaubenskrieger militärische Anstrengungen unternehmen. Aber ähnliche Phänomene haben wir auch in der hebräischen Bibel, diese Berichte haben wir nicht deswegen gestrichen, nur weil diese Kapitel von den „Heiligen Kriegen Gottes" reden. Da ist oft ziemlich viel Blut geflossen, und wie es da zuging, wird zum Teil sehr drastisch geschildert. Wir haben auch Fluchpsalmen, die man heute nicht einmal dem ärgsten Feind widmen sollte. Man muss also sowohl die jüdische wie die christliche Tradition kritisch lesen – und darf dann allerdings auch von Muslimen erwarten, dass sie ihre eigene Tradition kritisch lesen. Das versuchen heute aufgeschlossene Muslime auch, insofern sie Dschihad vor allem als moralische Anstrengung auf dem Weg des Heiles interpretieren und versuchen, mit den Problemen der Gewalt im Islam fertig zu werden. Aber wir erleben durch den 11. September 2001 auch, wie der Begriff „Dschihad" von politischen Fanatikern missbraucht werden kann. Deshalb stellt sich grundsätzlich die Frage nach der Koraninterpretation. Der Islam muss sich der Auseinandersetzung mit der Moderne ehrlich stellen.

Die Frage der Gewalt ist für den Islam zweifellos ein zentrales Problem. Denn man kann nicht übersehen, dass der Prophet Mohammed im Gegensatz zu Jesus von Nazareth nicht nur ein Staatsmann, sondern auch ein General war, der militärisch gekämpft hat und dafür auch noch hoch gepriesen wurde und wird. Von dieser Entstehungsgeschichte her hat der Islam eine militärische Note, die dem Christentum von Hause aus nicht zu eigen ist. Auch wir Christen haben uns zwar das Militante seit der konstantinischen Wende angeeignet und das Militärische in den Kreuzzügen gewaltig entwickelt und stehen insofern den Muslimen an Aggressivität nicht nach. Aber dafür entschuldigt sich der Papst wenigstens heutzutage.

Trotzdem ist die Problemlage im Christentum eine andere als im Islam. Denn die Muslime, die Gewalt anwenden, können sich unter Umständen auf den Propheten berufen, während der Christ, der Gewalt anwendet, sich nie auf Jesus, den Gewaltlosen aus Nazareth, berufen kann. In diesem Punkt müssen Muslime heute sicher noch viel mehr überlegen, wie sie konstruktiv mit dem Problem der Gewalt umgehen. Unser Problem im Christentum ist heute weniger die Gewalt als die dogmatische Exklusivität, die sich auf bestimmte Passagen, etwa des Johannes-Evangeliums gründet oder auf einen so schönen Satz wie „Ich bin der Weg, die Wahrheit und das Leben". Der Anspruch auf Heilswahrheit wurde gerade von der katholischen Kirche lange Zeit so exklusiv verstanden, dass man alle Andersgläubigen in die Hölle geschickt hat. Und es gibt viele protestantische Fundamentalisten, die noch heute alle Anders- oder Nichtglaubenden in die Hölle schicken möchten.

Jede Religion hat ihr Problem, mit dem sie ringen muss, das in ihren Quellen selbst begründet ist, das also nicht nur sekundär hinzukommt, sondern primär gegeben ist. Aber darüber lässt sich nicht nur reden, es lässt sich auch konkret einiges verbessern. Nach meinen Beobachtungen ist es jedenfalls eine Tatsache, dass die meisten Muslime in Jerusalem, Amman, Islamabad oder Teheran heutzutage genauso friedfertige Menschen sind wie die meisten Christen. Glauben Sie denn, dass etwa die vielen Millionen, die in Kairo leben, irgendeine Lust verspüren, wieder gegen Israel in den Krieg zu ziehen? Keine Spur. Man wäre doch unendlich froh – um ein anderes Beispiel zu nennen –, wenn man in Algerien Frieden hätte. Es ist doch schlimm, was sich beispielsweise in Kaschmir zwischen Hindus und Moslems, zwischen Indien und Pakistan, abspielt. Nicht selten ist zu beobachten, dass die religiösen Konflikte von bestimmten politischen Führern ausgenutzt werden, um die Leidenschaften der Massen anzustacheln. Aber auch das ist ein Problem, das wir mehrfach auch im Christentum hatten. Bernhard von Clairvaux' Aufruf zum Kreuzzug war auch nicht gerade im Sinne der Bergpredigt. Die arabischen Länder leiden darunter, dass sie sehr viele Führer hatten und haben, die die Massen emotional aufhetzten, statt die desolate soziale Situation ihrer Völker zu verbessern. Da müsste auch im Zusammenhang mit der internationalen Politik, auf der

Ebene der UNO besonders, im Sinne der Völkerverständigung einiges geschehen.

Kann man sagen, dass Ihre Idee auf eine Entflechtung von Politik und Religion abzielt, so dass so etwas wie eine Theokratie nicht mehr möglich ist?

In der Tat eine Entflechtung, insofern wir den religiösen Totalitarismus, welcher Provenienz auch immer, heute nicht mehr brauchen können. Der ist auch gar nicht mehr durchzuhalten. Die römisch-katholische Reevangelisierung, die versucht hat, zumindest in Polen wieder ein Mittelalter aufzurichten, ist denn auch gründlich schief gegangen und hat wieder die früheren Kommunisten an die Macht gebracht. Der islamische Fundamentalismus in der islamischen Republik Iran ist im Grunde ebenfalls gescheitert. Was Präsident Chatami im Iran möchte, ist ein Islam auf demokratischer Grundlage. Selbst in der Partei von Erbakan in der Türkei streben die jüngeren Leute so etwas wie eine islamisch-demokratische Partei an, ähnlich wie eine christlich-demokratische oder christlich-soziale Partei, vergleichbar mit der CDU oder CSU. Ich nenne diese Parteien nur als ein Beispiel dafür, wie man Religion zwar als Wertegrundlage für Politik nehmen kann, ohne dabei einer totalitären, also einer theokratischen Institution zu verfallen, die die Autonomie der Politik missachtet.

Wir haben noch gar nicht über die großen asiatischen Religionen gesprochen. Könnte es sein, dass gerade der Hinduismus deshalb auch in Europa so attraktiv ist, weil er eben den Begriff „Ahimsa", also Gewaltlosigkeit, so stark in den Vordergrund stellt?

Wenn man eine große Figur des modernen Hinduismus, Mahatma Gandhi, betrachtet, dann trifft das natürlich zu.

Man muss aber bedenken, dass Gandhi sein Ethos der Ahimsa einerseits von der Bhagadvita und aus der Jain-Religion und andererseits von Jesus von Nazareth abgeleitet hat, dessen Bild in seinem Zimmer hing und von dem er sehr viel gelernt hat. Umgekehrt hat später das Beispiel Gandhis auf Martin Luther King Einfluss gehabt, der ja ein christlicher Theologe war. Dies ist ein schönes Beispiel dafür, wie Religionen voneinander lernen können. Übrigens zeigt sich hier auch die ungeheure Bedeutung von Modellen. Gandhi ist wie Martin Luther King ein Modell geworden für eine ganze Bewegung. Es ist eine der Stärken der Religion, die die Philosophie normalerweise nicht in dem selben Ausmaß kennt, dass nicht nur Ideen vertreten werden, sondern eine Person Modellcharakter bekommt – für Leben und Sterben.

Die Gewaltlosigkeit ist aus meiner Sicht etwas, was die Religionen einen könnte. Es gibt ja in allen religiösen Traditionen die Forderung der Gewaltlosigkeit. Andererseits tritt in allen Religionen Gewalt auf. Es stimmt auch nicht, dass die asiatischen Religionen von vornherein gewaltlos sind. Wir haben erlebt, dass Hindus außerordentlich gewalttätig sein können, gegen Muslime zum Beispiel. Wir kennen Berichte über sehr gewalttätige buddhistische Mönche in China oder Japan. Gewalt gibt es immer, wo Menschen zusammenleben. Es ist immer eine Versuchung, dass der Mensch das, was er nicht freiwillig bekommt, auch gegen den Willen anderer durchsetzt und das, was er nicht mit geistiger Überzeugung erreichen kann, mit Gewalt, ja sogar mit Blutvergießen zu erreichen versucht.

Wird der Buddhismus in Europa als Religion der Gewaltlosigkeit idealisiert? Die tibetischen Mönche waren ja auch Feudalherren, die das einfache Volk nicht gerade mit Gottesfurcht behandelt haben.

Gewiss hat man den Buddhismus in diesem Sinn in Europa zum Teil idealisiert. Der Dalai Lama aber hat erkannt, dass die alte tibetische Theokratie nicht mehr in unsere Zeit passt. Der Dalai Lama möchte sie daher auch nicht wieder erneuern, falls er eines Tages in die tibetische Hauptstadt Lhasa zurückkehren sollte. Es ist klar, dass auch der Buddhismus im konkreten Leben, wenn Sie den Buddhismus in Burma oder in Thailand oder in Sri Lanka sehen, sehr weit von dem entfernt ist, was ein deutscher Buddhist als wesentlich ansieht. Da spielen die Götter und Geister, die Tempel und Reliquien eine ganz andere Rolle als im westlichen oder japanischen Meditationsbuddhismus. Nicht umsonst bildet der chinesische Chan und der japanische Zen eine gewisse Reaktion auf diesen Volksbuddhismus. Aber man sollte ehrlicherweise den Volksbuddhismus mit dem Volkskatholizismus vergleichen und nicht den Volksbuddhismus mit einem idealen Christentum. Es gibt überall auch die Volksreligion, die man nicht einfach abschaffen kann. Im Gegenteil, irgendwelche folkloristischen, populären Momente bereichern die Religion geradezu. Menschen brauchen nicht nur das Wort, sie brauchen auch Bilder, Farben, das bunte Leben. Daher sollte man meiner Meinung nach sehr vorsichtig im Urteil sein. Wichtig ist, dass der Religion das eigentliche Zentrum nicht abhanden kommt. Das ist das Entscheidende. Wenn, wie das manchmal im Christentum der Fall ist, die Leute vor lauter Madonna kaum noch wissen, was Jesus und die Bergpredigt wollten, ist das genauso schlecht, wie wenn Buddhisten etwa in Burma ihre Geisterwelt wichtiger nehmen als den achtfachen Pfad des Buddha.

Sehnsucht nach religiösen Führern

Der Dalai Lama hat kürzlich Basel besucht: Das Münster war brechend voll, obwohl der Dalai Lama eigentlich nur ganz einfache und selbstverständliche Dinge gesagt hat: Seid tolerant, das Innen ist wichtiger als das Außen, das Sein ist wichtiger als der Schein. Welche Sehnsucht steckt hinter dieser Suche in den nichtchristlichen Religionen?

Zunächst einmal verkörpert der Dalai Lama, nicht zuletzt aufgrund seines Schicksals der Vertreibung, einen Typus des religiösen Führers, den der Papst nicht verkörpert. Hinter dem Papst sehen viele nur den Vatikan, die ungeheure Macht der katholischen Kirche. Ein mächtiger und autoritärer Kirchenfürst, der übrigens in der Schweiz wenig Zulauf hatte, nimmt eine ganz andere Position ein als ein armer, ohnmächtiger, religiöser Mönch, ein Mönchsoberhaupt, das einfach Mitleid und Liebe predigt. Die Menschen sehnen sich nach religiösen Führern, die nicht als Machtmenschen erscheinen.

Wenn Sie aber Papst Johannes XXIII. mit dem Dalai Lama vergleichen, dann sind die Unterschiede nicht mehr so groß. Bei Johannes XXIII. hatten die meisten Menschen vergessen, dass er der Chef dieses Vatikans und der ganzen riesigen Institution der katholischen Weltkirche war. Den nahm man genauso an, wie man jetzt den Dalai Lama annimmt, weil er sich so gegeben hat, wie es seine innere Einstellung war. Er war ganz und gar glaubwürdig; so wie der Dalai Lama. Man konnte ihm auch nicht nachsagen, dass er nach innen anders handelt als er nach außen redet. Er war durchaus der Typus eines im Sinne des Urchristlichen wirkenden religiösen Führers, so wie der Dalai Lama auch nicht wie ein Mönchshierarch wirkt, sondern wie jemand, der das ursprünglich Buddhistische wieder zur Geltung bringt.

Und das zeigt, dass die Ursprungsfiguren dieser Religionen nach wie vor wirken. Das zeigt auch, dass der Geist – wenn Sie wollen: der Heilige Geist – das ist, was Christus weiterträgt. Das ist doch eine gewaltige Macht. Man spürt auch etwas vom Geist des Buddha, wenn man den Dalai Lama sieht. Das ist in meinen Augen hocherfreulich, dass nicht nur Generäle, die große Paraden abnehmen, und Staatsoberhäupter, die mächtige Staaten verkörpern, sondern solche geistlichen Führer für die Massen heute attraktiv sein können – und zwar nicht nur für eine kurze Zeit. Das unterscheidet sie von Fußballidolen, die, wenn sie beim nächsten Match versagen, schon wieder weit unten sind in der Beliebtheitsskala. Aber auch von Politikern, die von der Volksgunst abhängig sind. In der Menschheitsgeschichte haben sich nur sehr wenige religiöse Gestalten über die Jahrtausende halten können. Die großen Philosophen in Ehren, doch auch der große Sokrates hat nicht die Bedeutung erlangt, die Mose als Typus erreicht hat. Und Aristoteles ist auch kein Christus. Damit möchte ich nichts gegen die Philosophie sagen, im Gegenteil. Ich liebe die Philosophie, ich betreibe sie, aber sie will ja normalerweise auch nicht Religion sein. Religion soll die Philosophie durchaus ernst nehmen, aber sie ist doch noch einmal etwas anderes. Religion ist eine Lebenssicht und Lebenspraxis, und diese setzt eben auch Lebensmodelle voraus. Religion lebt in diesem Sinne von solchen Gestalten des Ursprungs, aber auch von solchen, die sie immer wieder neu verkörpern, die Religion wirklich leben. Es gibt zum Glück immer wieder Menschen, die auf das Ursprüngliche zurückgehen und durch ihr Leben zeigen, dass diese Religion eine echte Lebensoption darstellt, auf die es sich einzulassen lohnt.

Wie ist die Haltung des Dalai Lama zu Ihrem Projekt Weltethos?

Der Dalai Lama steht hinter dieser Idee. Er hat am Parlament der Weltreligionen in Chicago teilgenommen und war der erste, der die Unterschrift unter die dort veröffentlichte Weltethos-Erklärung gesetzt hat. Er war hier in Tübingen, und ich habe ihn auch in seinem Exil im indischen Dharamsala getroffen. Er hat sich freilich in Chicago auch noch in der Schlussansprache dagegen gewehrt, dass der Name Gott in die Erklärung eingeführt wird. Er hatte für dieses Anliegen in mir einen Bundesgenossen, da ich als Hauptautor dieser Erklärung von vornherein dafür gesorgt habe, dass der Name Gottes in diesem Papier nicht auftaucht. Nicht, weil ich selber nicht gottgläubig wäre. Im Gegenteil. Ich finde es sehr wichtig, dass der Dekalog im Namen des einen Gottes verkündet wird. Aber man kann und darf dies nicht einfach universalisieren, weil das nun einmal nicht für alle Religionen gilt. Es gilt nicht für all die Atheisten und Agnostiker, die zwar ein Ethos haben, aber es nicht im Namen Gottes verkündet haben wollen, weil sie aufgrund sehr vieler negativer Gotteserfahrungen in ihrem Leben und in der Geschichte, die von Feuerbach und Marx, von Nietzsche und Freud thematisiert wurden, nichts mit Gott zu tun haben wollen. Aber das gilt auch für die Buddhisten, die aufgrund ähnlicher Erfahrungen die letzte Wirklichkeit nicht identifizieren möchten mit Gott oder Göttern. Der Buddhismus lehnt zwar Götter nicht ab, man kann sie verehren. Aber diese Götterverehrung gilt als nur vorläufig. Das ist „Maia", das ist Schein. Die eigentliche Wirklichkeit ist etwas anderes. Die letzte und höchste Wirklichkeit ist nicht nur nicht zu sehen, sie ist auch nicht durch Begriffe zu begreifen. Der Buddhismus schweigt über die Existenz Gottes. Diese Frage ist für ihn irrelevant. Daher meinen Buddhisten, wenn wir im Namen Gottes reden, würden wir auch einen dieser Götter, zwar nicht einen der kleinen, sondern einen der höheren, ja den allerhöchsten, verehren.

Das glauben Christen natürlich nicht. Wir bezeichnen mit Gott die erste und letzte Wirklichkeit, die alles durchdringt, die mit Begriffen nicht gefasst werden kann, vor der letztlich nur das Schweigen angebracht ist; das verstehen die Buddhisten schon besser. Der so verstandene Gott ist das große Geheimnis unseres Lebens und nicht etwas, was bildlich dargestellt werden könnte. Die Bibel kennt ja wie der Koran das Bilderverbot. Insofern habe ich durchaus verstehen können, dass der Dalai Lama sagte, seine Glaubensgemeinschaft sei für Ethos und für die Weltethos-Erklärung, aber sie wolle das nicht im Namen Gottes tun. Ich glaube, darüber sollte man nicht streiten. Vielmehr sollte man froh sein, dass wir eine gemeinsame Weltethos-Erklärung haben.

Allerdings sollten wir als Christen durchaus den Mut haben zu sagen: Als gottgläubiger Mensch habe ich noch ganz andere Möglichkeiten, um den unbedingten Charakter dieser Erklärung zu bejahen. Wir berufen uns in der Erklärung auf die alten religiösen Traditionen der Menschheit. Das ist eine gewaltige Tradition, dieser ungeheuer große spirituelle Schatz, den sich die Menschheit seit den Zeiten des Neandertalers erworben, den sie erlitten und erprobt hat. Es ist ein jahrtausendelanger Prozess, in dem überhaupt so etwas wie ein Ethos entstanden ist. Diese Normen wurden am Berg Sinai unter die Autorität des einen Gottes gestellt. Diejenigen, die gottesgläubig sind, sollten noch ganz anders für ein solches Ethos einstehen, weil ihnen ja nicht nur gesagt ist, wie in der Weltethos-Erklärung: „Du sollst nicht morden, nicht lügen, nicht stehlen, nicht Sexualität missbrauchen." Sondern für die, die an Gott glauben, heißt es ja: „Ich bin der Herr dein Gott, du sollst nicht ..." Das bedeutet: Hinter diesem Gebot steht die unbedingte Autorität Gottes. Das verschafft dem biblisch Gläubigen aber auch wiederum eine ungeheure Freiheit. Er kann sich nämlich auf diesen Gott berufen. Wenn ich zum Beispiel in Konfliktsituationen bin, wenn ich eine andere Autorität des Staates und der Kirche vor mir habe, die sagt, du musst das und das tun, kann ich auf Distanz gehen und fragen: Warum muss ich das tun? Solange nicht der Eine mir sagt „Du sollst ...", muss ich nicht. Absoluter Gehorsam ist nur dem Einen geboten, nicht irgendeiner weltlichen oder religiösen Autorität. In diesem Sinne ist der Gottesglaube für das Ethos eine ungeheure Stärkung. Aber gleichzeitig gilt – und das sollte im Hinblick auf unsere weitgehend säkularisierten Gesellschaften festgehalten werden –, dass der Gottesglaube nicht absolut notwendig ist, um ein Ethos zu haben.

Also liegt darin gerade die Chance des Weltethos, dass seine Grundsätze auch für den Atheisten, für den Agnostiker, den Nichtgläubigen annehmbar sind?

Ganz und gar. Die ganze Weltethos-Erklärung kann auch ein Agnostiker ohne weiteres annehmen. Sie ist natürlich in erster Linie für die Religionen formuliert worden, ich habe sie schließlich für das Weltparlament der Religionen entworfen, immerhin eine respektable Versammlung von sechs- oder siebentausend Leuten mit zweihundert Delegierten. Aber was in dieser Erklärung formuliert ist, gilt nicht nur für religiöse Menschen.

Das Projekt Weltethos ist nicht einfach ein religiöses Projekt. Aber es nimmt jede Religion ernst. Ich halte es für illusorisch zu glauben, man könne Politik betreiben, ohne die Religion ernst zu nehmen. Früher oder später geht das schief. Wie beim Schah in Persien, der geglaubt hat, er könne sein Gesellschafts- und Wirtschaftsprogramm ohne den Islam verwirklichen. Es wird auch auf die Dauer in Europa nicht ohne das Christentum und den Beitrag anderer Religionen gehen, auch wenn dies in manchen Kreisen bestritten wird. Der Grund: Religiosität ist eine Tiefendimension des Menschen, eine Tiefenstruktur der Menschheit, die – ob man sie haben will oder nicht – wie die Musik oder die Kunst oder das Recht einfach existiert. Das sind verschiedene Schichten des Menschen, verschiedene Schichten der menschlichen Gesellschaft, die man meines Erachtens alle ernst nehmen sollte. Man sollte zugleich darauf achten, dass alles seinen Platz bekommt und dass keine dieser Schichten sich verabsolutiert. Wenn man alles verrechtlichen will, schadet man dem Wohl des Menschen. Wenn man alles ästhetisieren will, wird das wirkliche Leben auch nicht besser. Wenn man meint, man käme ohne Moral aus, wird man schließlich scheitern. Wenn man alles religiös machen will, dann kommt man zu einer Theokratie, die menschenverachtend werden kann. Also selbst die Moral darf nicht übertrieben werden. Denn wenn man moralisiert, d. h. die Rolle der Moral übertreibt, dann wird man der Autonomie dieser anderen genannten Bereiche, der Politik, des Rechts, der Kunst und sogar auch des Ethos nicht gerecht.

Spüren Sie Widerstände dagegen, dass eine gemeinsame Verbindlichkeit anerkannt wird? Oder sagt man: Wunderbar, dass es solche Grundsätze gibt – aber ich selbst halte mich nur daran, wenn es mir passt, und wenn nicht, dann nicht?

Spätestens seit dem 11. September 2001 haben viele eingesehen, dass es keinen Frieden zwischen den Nationen geben wird ohne einen Frieden zwischen den Religionen und dass dafür gemeinsame ethische Standards von größter Bedeutung sind. Von Jürgen Habermas zur Linken bis Präsident Chirac zur Rechten rufen jetzt erfreulicherweise sehr viele nach dem bisher versäumten Dialog der Kulturen. Der Terrorismus hat sie alle geweckt.

Keinen Menschen kann man freilich zur Moral zwingen. Am Anfang steht tatsächlich der Appell, sich selber frei auf Verpflichtungen einzulassen. Aber solche ethischen Standards haben natürlich eine ganz andere Autorität, wenn ich weiß, dass sie die ganze Geschichte der Menschheit hinter sich haben. Ja, dass schon die Aborigines in Australien solche Richtlinien besaßen und dass auch unter ihnen keineswegs Willkür herrscht. Ein weiteres Kriterium für die Autorität solcher uralter Standards ist ferner die Tatsache, dass dieses Ethos alle Kulturen überschreitet, dass schon deshalb ein „clash of civilizations" vermeidbar ist, weil diese ethischen Grundnormen kulturübergreifend dieselben sind.

Wenn all dies klar ist, müsste eigentlich jede Gesellschaft darum bemüht sein, schon unsere Kinder mit solchen Normen aufwachsen zu lassen. Bereits im Kindergarten sollte die Goldene Regel eingeübt werden. Schon die jungen Menschen sollten merken, dass dieses Regelwerk der Toleranz auch für die Türken, die in der gleichen Klasse sitzen, gilt, dass diese Regeln auch in der türkischen Kultur und Religion verwurzelt sind. Weltethos muss sich in diesem Sinne langsam von unten durchsetzen, und es setzt sich auch durch. Alles, was bisher schon passiert ist in den verschiedenen Feldern des Ethos, zeigt, dass das nicht illusorisch ist. Die Partnerschaft von Mann und Frau etwa, die ein wesentlicher Punkt in der Weltethos-Erklärung ist, ist auch erst neueren Datums. Vor dreißig Jahren hätten weder Sie noch ich so über die Partnerschaft von Mann und Frau geredet. Das hat sich relativ schnell im Bewusstsein unserer Völker durchgesetzt. Zwar wird immer wieder dagegen verstoßen, vieles ist noch längst nicht erreicht. Aber es ist ein entscheidender Wandel in bezug auf das Verhältnis von Mann und Frau im Vergleich etwa zur Situation unmittelbar nach dem Zweiten Weltkrieg festzustellen.

Aber wenn Sie sehen, was sich beispielsweise in der Inselgruppe Indonesien zwischen Christen und Muslimen abspielt oder was sich in der Heiligen Stadt Jerusalem an Gewalt zuträgt, ist das nicht ein Grund für Entmutigung?

Ich kenne alle diese Gegenden und wäre heilfroh, es ginge dort besser zu. Ich kannte den früheren indonesischen Staatspräsidenten Wahid persönlich. Ich habe auch den israelischen Ministerpräsidenten Barak beim Staatsbesuch von Bundespräsident Rau persönlich kennen gelernt. Wenn man dann sieht, dass der eine in Indonesien, der andere in Israel gescheitert ist, macht mich das tatsächlich traurig. Doch zunächst einmal muss man die komplexe Situation in diesen Ländern bzw. Regionen sehen. Ein Reich von tausend Inseln wie Indonesien, mit ganz verschiedenen Völkern und Sprachen, ist von den Holländern und dann vom ersten Präsidenten Sukarno sozusagen in ein Reich gezwungen worden. Dass da heute wieder einige selbstständig werden wollen – das sollten wir differenziert beurteilen. Wir Europäer sollten vorsichtig sein, wenn wir nicht einmal in Spanien Ruhe und Frieden herstellen können, weil die Basken etwas anderes wollen als die Katalanen oder die Menschen in Kastilien. Die Entwicklung in Asien ist meines Erachtens die Folge der neuen politischen Großwetterlage. Nachdem die großen Konflikte, die große Frontstellung Ost-West, weggefallen sind, die diese Länder eisern eingebunden haben in eine gewisse Disziplin – entweder man macht mit dem Osten mit oder mit dem Westen – kommen nun wieder die alten Grenzen, die alten ethnischen Identitäten hoch, da brechen wieder die alten ethnischen Feindschaften auf den indonesischen Inseln oder in den verschiedenen Autonomiebestrebungen auf. Die Seuche des europäischen Nationalismus im Kleinen ist oft angestachelt durch die Hegemoniebestrebungen der führenden Volksgruppe in den anderen Landesteilen. Das alles ist sehr kompliziert.

Letztlich käme es darauf an, dass an der Spitze der Staaten Persönlichkeiten mit politischer Kompetenz und ethischer Verantwortung und Charakter stehen, die ernsthaft versuchen, eine Lösung zu finden. Also nicht nur brutale Typen sind, wie Ministerpräsident Ariel Sharon in Israel, der den missglückten Libanonfeldzug initiierte und Massaker an Muslimen in Flüchtlingslagern tolerierte. Von solch einem Mann ist kein Frieden zu erwarten. Ich bin überzeugt, dass sich Probleme lösen lassen. Allerdings hat auch Europa Zeit gebraucht. Die Feindschaft zwischen Frankreich und Deutschland ist erst überwunden worden, nachdem beide Seiten unendlich viel geblutet und unendlich viel verloren hatten, bis diejenigen, die mitgelitten hatten, wie die führenden Staatsmänner nach dem Zweiten Weltkrieg, gesagt haben: „Das machen wir nicht weiter. Kein Krieg, keine Revanche mehr. Jetzt wird eine andere europäische Ordnung aufgebaut. Nicht der alte Nationalstaat im Sinne des 19. Jahrhunderts, sondern ein vereintes Europa." Dieses europäische Modell hat uns jetzt immerhin fünfzig Jahre Frieden gebracht. Man muss sogar sagen, die ganze OECD-Welt, die noch sehr viel größer ist, die bis nach Kanada und den Vereinigten Staaten, bis nach Australien und Neuseeland, ja bis nach Japan reicht, lebt seit fünfzig Jahren ohne Krieg. Es gibt Stellvertreterkriege, aber die OECD-Staaten haben sich gegenseitig nicht bekriegt. Wenn das möglich ist, müssen sich auch die Probleme im Nahen Osten oder in Indonesien eines Tages lösen lassen. Man kann nur hoffen, dass nicht noch mehr Blut fließen wird. Manchmal hat man das Gefühl, die Menschheit lerne nur durch Leiden, Blut und Tränen, durch immer noch größere Katastrophen, bis sie schließlich bereit ist zu sagen: „Jetzt versuchen wir es anders."

Nochmals möchte ich aber gerade mit Blick auf Israel und die Palästinenser sagen: Im Prinzip sind die Probleme im Nahen Osten zu lösen, wenn man endlich das Problem der jüdischen Siedlungen und die Teilung der Macht in Jerusalem angeht und die Vereinigten Staaten den notwendigen Druck ausüben.

Die Religionen und der Friede

Aber warum haben Religionen dort keine friedensstiftende Kraft? Teddy Kollek zum Beispiel, der frühere Bürgermeister von Jerusalem, hat ja unermüdlich versucht, Brücken zu bauen und hat schließlich gesagt, es sei eine Illusion zu glauben, dass der Friede in dieser Generation erreicht wird. Man brauche sechs bis acht Generationen.

Teddy Kollek hat durch seinen bewunderungswerten Einsatz erreicht, dass einige Zeit in Jerusalem friedliche Verhältnisse herrschten, während sein Nachfolger vom Likud Block, Olmer, sofort eine Situation heraufgeführt hat, die zu Spannungen führte. Scharon hat dann durch die Verlegung seines Wohnsitzes nach Ost-Jerusalem die Emotionen bewusst angeheizt. Der von massivem Polizeiaufgebot beschützte Besuch Scharons auf dem Tempelberg war eine bewusste Provokation, die Tote zur Folge hatte. Daran sieht man, wie es gut gehen und wie es schlecht gehen kann. Ich habe immer gedacht, Israel hätte einen Premierminister wie Teddy Kollek gebraucht. Das habe ich ihm auch einmal gesagt, bei einem Essen am Sabbat in Jerusalem. Eine solche Persönlichkeit hat gefehlt. Die kühne Tat des ägyptischen Ministerpräsidenten Anwar el Sadat, der Jerusalem besuchte, hätte im Grunde auch ähnlich kühne Taten von jüdischer Seite erfordert.

Wenn man Frieden haben will im Nahen Osten, dann muss auch da die religiöse Dimension sehr ernst genommen werden. Ich habe immer dafür plädiert, dass die Frage der Grenzen Israels auch unter theologischen Gesichtspunkten diskutiert werden muss. Welches sind die, wie man behauptet, von Gott gegebenen Grenzen? Es sind vor allem die fundamentalistischen Siedler, die diese Frage immer wieder auf die Tagesordnung setzen. Die Grenzfrage war aber schon das Problem bei der Staatsgründung 1948. In meinem Buch „Judentum" habe ich die Frage aufgeworfen, ob die Bibel tatsächlich bestimmte Grenzen des Heiligen Landes, Israels, festschreibt.

Auch der Status von Jerusalem ist eine zentrale religiöse Frage. Auch die könnte man lösen, aber man darf sie weder als eine ausschließlich religiöse noch ausschließlich politische Frage ansehen. Wenn man eine annähernde Klärung der religiösen Dimension erreicht hat, dann braucht es für die politischen Konsequenzen Staatsmänner, die Schritte wagen, ähnlich wie sie die Europäer gewagt haben. Auch im europäischen Einigungsprozess gab es hohe Hürden und beidseitige Vorurteile. In Frankreich taten sich viele Menschen schwer, sich mit den Deutschen einzulassen. „Das ist doch unmöglich", dachten viele. Und in Deutschland war das nicht anders. Da gab es Stimmen, die sagten: „Nein, den Franzosen kann man nie trauen." „Und die Engländer sind ohnehin falsch", so ein anderes Vorurteil. Solche gängigen Vorbehalte gibt es natürlich auch im Nahen Osten: Die Israelis haben Vorurteile gegenüber den Arabern und umgekehrt. Hier braucht es vor allem die Stärkeren, die vorangehen und die Vorbehalte durchbrechen. Israel gibt sich zwar immer noch gern als Opfer, ist aber eindeutig die stärkste Macht dieser ganzen Region.

Und auch im Nahen Osten wird sich nichts bewegen ohne Verzicht – was auch Deutschland lernen musste im Zusammenhang mit den ehemaligen Ostgebieten. Wenn man nicht freiwillig auf einiges verzichtet, wird man den Frieden nicht erreichen können. Ich frage mich manchmal, ob die Bergpredigt nicht auch im Nahen Osten ein brauchbarer Impuls wäre. Die Bergpredigt war tatsächlich für diese Gruppe evangelischer Christen, die damals für die EKD das Memorandum ausgearbeitet haben, das für ein neues Verhältnis zu den Oststaaten, Polen vor allem, plädierte, von besonderer Bedeutung. Diese Christen waren von solchen Impulsen des gewaltlosen Verzichts getragen. Im Nahen Osten wäre man indes schon froh, wenn sich der Staat Israel nicht einmal an die Goldene Regel, sondern nur an das Jus talionis halten würde – Aug um Aug, Zahn um Zahn. Das heißt ja, wenn einer mir einen Zahn einschlägt, so werde ich ihm nicht gleich alle Zähne einschlagen. Und wenn mir einer ein Auge genommen hat, werde ich nicht gleich dem Gegner beide Augen nehmen und mit Panzern und Flugzeugen gegen Kinder und Jugendliche vorgehen. Das aber ist zur Zeit die Strategie der Konfliktparteien in Nahost. Die führt zu immer neuem Blutvergießen, und beide Seiten beklagen sich dann, die andere Seite sei es, die den Frieden nicht wolle. Hier müsste tatsächlich der Stärkere mit aller Nüchternheit erkennen, dass es ohne Verzicht auf die besetzten Gebiete nicht geht. Und man müsste zugleich einen Modus vivendi auch für Jerusalem finden, wo zumindest eine symbolische Präsenz beider souveräner Staaten gegeben sein muss. Die Altstadt von Jerusalem, die ja das eigentliche religiöse Zentrum bildet, müsste für alle frei zugänglich sein. Dazu habe ich in dem Buch „Judentum" längst konkrete Vorschläge gemacht, um die Lösung der „römischen Frage" (Italien – Vatikan) als Modell für die Lösung der Jerusalemfrage zu nutzen: in der *einen* „heiligen Stadt" mit einer Verwaltung *zwei* souveräne Staaten! Vielleicht werden diese Vorschläge eines Tages realisiert.

Kann die Stiftung Weltethos etwas Konkretes tun, um das Verhältnis zwischen Arabern und Juden, zwischen diesen unterschiedlichen Ethnien im Nahen Osten zu verbessern?

Die Stiftung Weltethos ist eine winzige Organisation, die sich gar nicht anheischig machen kann, friedensvermittelnd im Nahen Osten tätig zu werden. Wir haben in wenigen Jahren so viel erreicht und sind damit hoch zufrieden, auch wenn wir in bestimmten Gebieten nicht aktiv sind, was wir aber auch nie als unsere Aufgabe angesehen haben. Immerhin habe ich meinen Vorschlag für eine Lösung der Jerusalemfrage in einem Vortrag in Jerusalem in Anwesenheit von Teddy Kollek expliziert und war bei den Staatsbesuchen sowohl von Bundespräsident Herzog wie Bundespräsident Rau dabei. Darüber hinaus haben wir versucht, im Rahmen des Möglichen zumindest kleine Pilotprojekte zu starten. Wir haben ein Ferienlager in Innsbruck veranstaltet, mit jungen Juden, Christen und Muslimen. Wir haben auch eine Gruppe von Schülern aus Tübingen und aus Spanien, die sich mit Juden und Muslimen in Israel getroffen haben, subventioniert. In solchen kleinen Initiativen sind wir engagiert. Unser Vizepräsident Professor Karl-Josef Kuschel engagiert sich sehr in Sarajevo. Er knüpft auch sonst überall dort Kontakte, wo die drei abrahamischen Religionen zusammenleben.

Meine Hauptaufgabe ist nach wie vor die geistige Vorarbeit, die es braucht, das Ausdenken von Lösungen. Mein Buch „Das Judentum" arbeitet nicht nur die gesamte Geschichte dieser Religion auf, sondern stellt sich auch ganz konkreten Fragen wie der der Staatsgrenzen, der Frage der Palästinenser, der Frage Jerusalems und schlägt Ideen vor, die aufgenommen werden könnten. Wo immer ich auftrete, wirke ich in dieser Richtung. Aber letztlich braucht es die Staatsmänner selbst, die bereit sind, diese oder jene Ideen zu realisieren. Das wäre auch im Nahen Osten unbedingt notwendig, um den Friedensprozess voranzubringen. Ich weiß aus Gesprächen mit dem ehemaligen US-Präsidenten Jimmy Carter, was es bedeutet hat, dass er als Christ zwischen dem Muslim Sadat und dem Juden Begin stand. Er hat mir geschildert, wie er dies als christliche Aufgabe angesehen hat, diese beiden unterschiedlichen Männer ohne alles Eigeninteresse zusammenzuführen. Man kann nur hoffen, dass erneut eine solche Initiative zustande kommt und dass am Ende nicht nur wie unter Präsident Clinton mühselig ausgehandelte, aber letztlich unzureichende Lösungen stehen, sondern ein großer Wurf. Die USA sollten ein ehrlicher, unparteiischer Makler sein.

Haben Sie als Theologe manchmal ein Gefühl von Hoffnungslosigkeit, von Resignation oder gar Verzweiflung?

Ach ja, die Zeitung zu lesen, macht nicht jeden Morgen Spaß, und ich lese ja nicht nur die deutsche Presse, ich lese auch jeden Tag die „International Herald Tribune", wo ich noch besser sehe, was alles in der Welt geschieht. Ich höre jeden Tag die Nachrichten, gleich morgens um 7 Uhr, ich höre die Presseberichte, ich sehe am Abend die Tagesschau, meist auch die Tagesthemen. Wenn man das alles sieht, kann einem die Welt schon bisweilen als Tollhaus vorkommen. Die Anschläge des 11. September 2001 mit ihren Folgen tragen wahrlich nicht zur Ermutigung bei. Die Konflikte nehmen zu. Und sie kommen auch immer näher an uns heran.

Trotz allem: Ich glaube, dass früher oder später, wenn der Stau von Problemen genügend groß ist, im politischen Bereich auch Lösungen gefunden werden. Es gibt ja auch immer große Überraschungen. Über Nacht können selbst Entscheidungen von Staatsmännern obsolet werden. Eine solche Korrektur musste der amerikanische Präsident George W. Bush kurz nach den Präsidentschaftswahlen erleben. Ich habe mich gefreut, dass der amerikanische republikanische Senator Jeffords aus dem kleinen Staat Vermont bewiesen hat, dass auch ein einzelner aufgrund seiner Gewissensentscheidung – „mein Gewissen verpflichtet mich" –

die politische Landschaft verändern kann. Jeffords ist zu den Demokraten übergetreten und hat dadurch erreicht, dass plötzlich eine ganze Reihe von sturen Republikanern in die Wüste geschickt wurden und neue Leute in verantwortliche Positionen kamen. Das ist für mich eines der vielen Hoffnungszeichen, auf die man immer wieder trifft. Ein einzelner kann durchaus etwas bewegen, wenn er hinsteht und sagt: „So, das mache ich jetzt mal", ungeachtet aller möglichen Verluste. Und wider Willen musste Präsident Bush unmittelbar vor dem 11. September 2001 seinen arroganten Unilateralismus einschneidend korrigieren.

Sie waren immer ein Einzelkämpfer?

Ja, oft, aber ich habe es nicht geliebt, Einzelkämpfer zu sein und habe immer Koalitionen gesucht. Immer wieder habe ich mit anderen zusammengearbeitet und für theologische oder kirchenpolitische Aktionen und Erklärungen Bundesgenossen gefunden. Zeitweise habe ich mich dabei stark zurückgenommen. Vor allem in der Internationalen Zeitschrift für Theologie „Concilium" habe ich im Stiftungsrat wie im Direktionskomitee regen und aktiven Anteil genommen. Es war für mich eine große Zeit, als ich damals mit Karl Rahner, Yves Congar und Edward Schillebeeckx in der Stiftung zusammenarbeitete. Damals haben wir die Erklärung „Für die Freiheit der Kirche" verfasst. Da hieß es auch nicht „Küng, der Einzelkämpfer". Einzelkämpfer wurde ich dort, wo ich dazu gezwungen wurde. Das sehen manche vielleicht anders. Aber ich hatte den Eindruck, dass zum Beispiel nach der Enzyklika „Humanae vitae" 1968, dem päpstlichen Nein zur „künstlichen" Geburtenregelung, unbedingt jemand das Problem der päpstlichen Unfehlbarkeit aufgreifen sollte. Ich wusste auch niemanden, der es hätte besser machen können als ich. Der Grund: Es gibt relativ wenige Leute, die die in Rom gelehrte Theologie von innen heraus kennen, die gleichzeitig die Fähigkeit haben, sie verständlich darzustellen und kritisch zu durchleuchten und die darüber hinaus auch noch bereit sind, öffentlich für ihre Meinung den Kopf hinzuhalten. Alles das habe ich ganz bewusst und nicht aus Naivität getan!

Die Macht des Gebetes

Woher haben Sie Ihre Kraft genommen?

Die Fragen der Unfehlbarkeit und der künstlichen Empfängnisverhütung waren für mich auch Gewissensfragen.
Ich konnte nicht anders handeln als ich es getan habe.
Ohne unnötig fromm zu werden: Wenn ich es nicht als
Willen Gottes erkannt hätte – für mich hätte ich das nicht
getan. Für mich persönlich habe ich nichts gewonnen.
Doch ich fühlte mich vor einer anderen Instanz verantwortlich. Ich kann schließlich, wenn ich die Unfehlbarkeit
des Papstes in Frage stelle, nicht auch noch den Papst fragen, ob ihm das gefällt. Da muss ich einen anderen Herrn
hinter mir, über mir haben. Gott ist für mich diese letzte
personale Instanz – und nicht nur eine abstrakte Idee. Insofern ist es mir auch sehr wichtig, dass Jesus von Nazareth
das Wort Gottes und Bild Gottes ist: verbum et imago
Dei. Wie hätte Jesus gehandelt?

Aus all dem, was ich aus dem Neuen Testament weiß,
konnte ich ableiten, wie er sich in bestimmten Fällen und
konkreten Situationen verhalten hätte. Wenn ich vor einer
Entscheidung zu einer gegenteiligen Auffassung gekommen wäre, wenn ich also von ihm her vernommen hätte,
ein Buch gegen Unfehlbarkeit darfst Du nie schreiben,
dann hätte ich sicher keines geschrieben. Aber ich konnte
mir sehr leicht vorstellen: Derselbe Jesus, der mit den Hie-
rarchen seiner Zeit ja nicht gerade auf bestem Fuß stand, ja,
ihnen ins Angesicht widerstanden hat, wäre auch gegen
diese Art von hierarchischer Unfehlbarkeit gewesen. Sicher

hätte er gefunden – was der Papst in der Pillen-Enzyklika „Humanae vitae" nicht beachtet hat –, dass dieses päpstliche Lehrschreiben „schwere Lasten auf die Schulter der Menschen legt, die sie nicht zu tragen vermögen". Solche jesuanische Sätze waren und sind für mich wegweisend.

Als ich merkte, dass die Hierarchie sich einer Korrektur der Lehre gegenüber nicht offen zeigte, wurde ein anderer Satz aus dem Neuen Testament mit einem ganz ursprünglichen, tief gehenden Impuls zu einem der allerwichtigsten: „Mich erbarmt des Volkes." Für mich allein hätte ich das alles nicht auf mich nehmen müssen. Ich hätte so bequem leben können wie andere Professoren der Theologie – ohne große Konfrontation – und schöne Bücher schreiben können, die allseits gelobt würden. Zum Beispiel hätte ich gerne einmal ein Buch über die großen Komponisten und ihre Religiosität geschrieben. Immerhin habe ich über Mozart ein kleines Büchlein veröffentlicht und über Wagner etwas publiziert. Es hätte mir Freude gemacht, etwas über Bach und Beethoven, über Schubert und Mendelssohn zu schreiben. Dann hätte ich natürlich weniger Probleme mit der sogenannten Amtskirche bekommen. Aber wenn ich die Nöte des Volkes und seine Hoffnungen berücksichtigen wollte, dann musste ich andere Themen aufgreifen. Rückblickend kann ich heute sagen: Aufs Ganze gesehen ist mir das nicht schlecht bekommen.

Macht des Gebetes, Hoffnung auf das Gebet: Spielt das bei Ihnen, wenn Sie mir diese sehr persönliche Frage erlauben, eine Rolle?

Das Gebet spielt für mich eine große Rolle. Allerdings halte ich es auch da wieder mit Jesus, der gesagt hat: „Wenn Ihr betet, dann plappert nicht wie die Heiden, die viele Worte machen. Denn Euer himmlischer Vater weiß schon, um was Ihr ihn bittet." Es genügt, dass man sich jeden

Morgen beim Frühstück, mittags und abends nur einen Augenblick besinnt und dankt, etwa für die Nacht und bittet für das Gelingen des Nächstliegenden. Ich mache das regelmäßig vor allen Mahlzeiten. So sage ich zum Beispiel: „Ich habe heute ein Gespräch mit einem Journalisten vor, das recht schwierig ist. Es mögen mir die richtigen Worte eingegeben werden und die richtige Atmosphäre herrschen." Darum bitte ich. Ich weiß, ich kann nichts erzwingen und ich weiß, dass es letztlich – bei allen Fähigkeiten – immer wieder Gnade ist, ob etwas gelingt oder nicht gelingt. Gebet ist eine wesentliche Dimension, weil es immer wieder zum Ausdruck bringt, dass einem Gelingen geschenkt sein möge. Es bringt Dankbarkeit zum Ausdruck und bietet die Chance, um Vergebung zu bitten, wenn einmal etwas nicht gut war.

Ich bin für all die kleinen Dinge dankbar: Wir haben heute einen schönen Tag gehabt. Ich freue mich auch am Wetter. Ich bin ein anderer Mensch, wenn ich auf der Terrasse sitzen darf, die Vögel höre, das Grün sehe, die wärmende Sonne fühle und auf die Schwäbische Alb oder in meiner Heimat auf den See und die Schweizer Alpen blicken kann. Das gehört für mich zur Frömmigkeit und ist für mich im Gebet alles miteingeschlossen. Es heißt ja auf der anderen Seite auch wieder „betet ohne Unterlass". Damit ist aber meines Erachtens nicht gemeint, dass man ständig irgendwelche Formeln sprechen soll. Das „Vater unser" bete ich auch gerne, aber in einem sehr prononcierten Kontext. Beten bedeutet für mich letztlich, dass man *immer* davon ausgeht, dass man getragen ist, dass man die Hoffnung nicht verlieren darf, dass es noch eine andere Dimension im Leben gibt, die Vertikale, die Transzendenz.

Was ist das einigende Band der Weltreligionen? Wenn es das Gottesbild nicht ist: Was ist es dann? Die Verzweiflung? Der Mangel?

Die Religionen eint sicherlich das Negative, dass nämlich der Mensch erlösungsbedürftig – im weitesten Sinne des Wortes – ist, dass es ihm von Hause aus gar nicht so gut geht: Ob man das nun mit einer mythologischen Ursünde erklärt, wie die biblischen Religionen, oder ob man es, wie ein Buddhist, zurückführt auf die Verblendung des Menschen, auf seine Gier. Das ist die Ausgangslage. Es gibt keine Religion, die so illusionär wäre zu sagen, dem Menschen ginge es von Haus aus gut und er brauche alles nur noch gut zu machen. Das ist sozusagen die Negativfolie.

Aber dann eint alle Religionen auch die Überzeugung: Es gibt einen Weg, wie es besser werden kann. Man kann diesen Weg zeigen. Es ist immer ein Weg zum Heil, und zwar immer schon hier in dieser Welt, aber auch immer mit einem Ausblick auf das Ende der Zeiten. Der Tod wird in allen Religionen sehr ernst genommen. Der Tod ist die absolute Antiutopie. Er lässt sofort Fragen aufkommen: nach dem Nirwana, nach dem ewigem Leben, nach der Wiederkunft usw. Dieser Glaube an einen Heilsweg eint die Religionen. Und insofern verstehen sich unter Umständen auch christliche und buddhistische Mönche gut, wenn sie gemeinsam schweigen. Sie sind auf etwas anderes ausgerichtet. Und sie wissen: da ist ein Mensch, der einen Weg und ein Ziel braucht; ein Mensch, der nicht schon vollendet ist, dem aber Erleuchtung und Vollendung geschenkt werden kann.

Was allen Religionen neben dieser Ausrichtung auf den Heilsweg gemeinsam ist, sind heilige Orte. Braucht jede Religion das Gotteshaus, den Tempel, den Altar?

Faktisch findet man in allen Religionen Heiligtümer. Alle Religionen verehren auch heilige Berge. Oftmals haben sie auch heilige Wallfahrtsorte, die in Wäldern liegen oder auf Bergen, jedenfalls ursprünglich an relativ abgelegenen Orten. Das gehört zur Religion, ist aber nicht entscheidend, weil das alles immer nur symbolhafte Darstellungen des Letzten sind. Aber gerade wegen dieser Eigenschaft ist es immer auch ein Erlebnis, sie zu besuchen. Ich bin auf vielen heiligen Bergen gewesen, in China auf dem Taishan oder in Japan auf dem Berg Hiei in Kyoto, in tibetischen Bergklöstern, auf dem Berg Sion, dem Vatikanischen Hügel – sie alle gehören zum Menschen als sakrale Orte.

Aber in den Religionen haben die sakralen Orte wiederum einen jeweils ganz verschiedenen Stellenwert. Für das Judentum ist zum Beispiel das Land von zentraler Bedeutung, für das Christentum ist das Land überhaupt nicht von Bedeutung. Die das Land besitzen werden, sind in der Bergpredigt die Sanftmütigen. Christen haben auch keine Besitzansprüche auf die Heilige Stadt Jerusalem anzumelden. Ich habe einmal in Jerusalem in der Dormitio Abtei gepredigt, damals gehörte ich noch zur katholisch-theologischen Fakultät der Universität Tübingen. Ich habe für die Predigt die Stelle aus dem Evangelium gewählt, in der es heißt: „Er ist nicht hier." Er ist eben nicht in Jerusalem. Das ist die Auferstehungsbotschaft des Engels. Was kommt ihr hierher, um nach ihm zu schauen? Er ist nicht hier, er ist auferstanden. Der erhöhte Herr sitzt zur Rechten des Vaters. Er ist in die Unsichtbarkeit der Glorie Gottes eingegangen. Und Gott ist überall. Das ist ein wesentlicher Grund dafür, warum das Christentum in diesem Sinn weniger auf räumliche Festlegungen fixiert ist als andere Religionen. Eine Veränderung im Christentum entwickelte sich in späteren Jahrhunderten, als man anfing, die Märtyrer-Gräber zu verehren. Vom Märtyrerkult ging es weiter zum Heiligenkult ganz allgemein und bis zu den neuesten Entwicklungen, wo vor allem gewisse Erscheinungsorte eine Rolle spielen. Aber auch da gibt es wieder Unterschiede. Den alten Schweizer Wallfahrtsort Einsiedeln beispielsweise besuche ich gerne. Auch im französischen Lourdes war ich, ohne dass mich das sonderlich beeindruckt hätte. Nach Fatima, dem portugiesischen Wallfahrtsort, würde ich nie gehen, weil ich die Erscheinungen der Seherkinder nach den ursprünglichen Akten für Projektionen halte.

Der Christ ist auf die Person Jesu konzentriert. Er ist ganz und gar personal ausgerichtet, nicht an einen bestimmten Ort gebunden, und in diesem Sinne ist das Christentum auch keine sakralisierte Religion. Christ können Sie überall sein und ein Abendmahl zu Christi Gedächtnis mit Brot und Wein feiern. Das sind, auch im Nahen Osten, die elementarsten Lebensmittel. Die können Sie auch ersetzen durch Reiswein, wenn es denn unbedingt sein muss. Die Heiligen Orte gehören zwar zum Christentum, aber es geht auch ohne sie.

In einer weniger erfreulichen Frage sind sich die Weltreligionen auch einig – dass sie nämlich Frauen eher zurückdrängen. Papst Johannes Paul II. lehnt das Priesteramt der Frau ab. Das Judentum tut sich schwer mit Frauen als Rabbinerinnen. Im Islam haben die Frauen in der Verkündigung des Wortes wenig zu sagen. Im tibetischen Buddhismus ist der Führer, Dalai Lama, ein Mann. Muss das neue Jahrhundert nicht die Religionen zu einer grundlegenden Änderung bewegen?

Auf jeden Fall! Die Religionen, insofern sie die großen Traditionen der Menschheit verkörpern, stehen unter dem Patriarchat, das sich weltweit durchgesetzt hat. Ob es früher einmal in Religionen ein Matriarchat gegeben hat, ist bekanntlich umstritten. Aber es steht außer Frage, dass sich das Patriarchat durchgesetzt hat, mit wenigen Ausnahmen in Indien, wo es durchaus auf Frauen ausgerichtete Religionen gibt.

Ich bin davon überzeugt, dass die Partnerschaft von Mann und Frau eine wesentliche Dimension des nach-modernen Paradigmas ist. Auch die Menschenrechte waren zunächst die Rechte des Mannes („droits de l'homme"). Sie haben sich eigentlich erst jetzt als Rechte aller Menschen durchgesetzt. Das Frauenwahlrecht wurde um den Ersten Weltkrieg eingeführt. Dieses Denken muss sich unbedingt in den Religionen durchsetzen, und wir finden überall Tendenzen dazu. Das Reformjudentum, auch das konservative Judentum, kennt mittlerweile Rabbinerinnen. Die sind der katholischen Kirche voraus. Es gibt auch sehr selbstbewusste Musliminnen in den verschiedenen Ländern. Im Islam können Frauen als Vorbeterinnen zumindest für Frauen fungieren. Es gibt also weltweit feministische Tendenzen. Die Frauenfrage wird zunehmend eine Frage von „to be or not to be" für die Religionen. Es muss den Religionen gelingen, die Frauen mit in die Verantwortung einzubeziehen.

Die gefährliche Entwicklung im zeitgenössischen Katholizismus ist die: Man verliert einerseits die Jugend, weil man sie gar nicht mehr kirchlich sozialisieren kann, und hat andererseits die Frauen zu einem großen Teil bereits verloren, weil gerade die jüngeren unter ihnen sich einfach nicht mehr so behandeln lassen, wie das in der Vergangenheit geschehen ist – von der Geburtenregelung und der Pille bis hin zu der Frage der Frauenordination. Das sind Systemfehler. Warum hat denn der Papst behauptet, die Unmöglichkeit der Frauenordination sei eine unfehlbare Lehre? Ich bin überzeugt: Weil er eine Auffassung von der Unfehlbarkeit des Papstes und der Bischöfe hat, die ihn in diese Falle gelockt hat. Natürlich kann man nicht bestreiten, dass durch die Jahrhunderte eine Ordination der Frau von Papst und Bischöfen als unmöglich angesehen wurde. Aber wenn diese menschliche Überlieferung als unfehlbare Lehre Gottes definiert wird, dann schnappt die Falle zu, weil man meint: „Gott selber will das so."

Jesus selber jedoch hatte ein unverkrampftes Verhältnis zu Frauen. Frauen haben ihn auf seinem Weg ständig begleitet. Lukas berichtet sogar, dass sie für Jesus und seine Jünger bezahlt haben. Denn nicht alle Tage sind ja Wunder der Brotvermehrung gewirkt worden. Frauen haben im Leben Jesu eine wichtige Rolle gespielt. Maria von Magdala gilt als die erste Zeugin der Auferstehung. In den paulinischen Gemeinden haben die Frauen sicherlich Hausgemeinden vorgestanden. Dies ist heute alles gut erforscht. Das hätte der Papst, der doch auf die christliche Botschaft verpflichtet ist, auch nachlesen können. Er wüsste dann, dass Jesus, käme er heute wieder, wohl kaum sagen würde, es sei Gott unmöglich, dass eine Frau Pfarrerin werden könne. Genau das Gegenteil wäre der Fall. An solchen Evidenzen merkt man, wenn ein System falsch konstruiert ist. Das ganze römische System, wie es im 11. Jahrhundert durchgesetzt wurde, ist nach meiner Auffassung falsch konstruiert – und zwar in wesentlichen Basisfragen. Die damals einsetzende Romanisierung der katholischen Kirche – in meinem Buch „Das Christentum, Wesen und Geschichte" (1995) ist dies genau aufgewiesen – bedeutet ihre Zentralisierung (Papstkirche), Juridisierung (Rechtskirche), Politisierung (Machtkirche) und Klerikalisierung: eben eine Kirche zölibatärer Männer mit Eheverbot.

Das Projekt Weltethos will eine Grundlage schaffen der Verständigung unter allen Religionen. Gleichzeitig bildet sich ja in verschiedenen ethischen Fragen etwas ganz Neues heraus. Bioethik, Gentechnologi, sind aktuelle Beispiele. Und schon werden wieder ganz neue Maßstäbe sichtbar. In der Wirtschaft hat man andere Maßstäbe als in Teilen der Religion, Teile der Gesellschaft denken anders als Wissenschaftler, neue Kluften tun sich auf. Sind Weltreligionen, sind Initiativen wie die Stiftung Weltethos für solche Fragen gewappnet? Oder bilden sich doch immer wieder neue und spezielle Ethiken heraus?

Bei dieser rasanten Entwicklung, in der wir heutzutage mehr denn je stehen, entstehen täglich neue Probleme, und unter Umständen gibt es im Laufe der Jahre auch wieder ganz neue Problemfelder. Umso wichtiger ist es, dass man einige Grundregeln hat, die für alle und zu allen Zeiten gelten. Natürlich geht es bei diesen nicht um spezielle Lösungen für alle die genannten Fragen. Deshalb unterscheiden wir ja auch verschiedene Ethiken. Es gibt eine medizinische Ethik, die sich vor immer neue Probleme gestellt sieht. Es gibt eine Bioethik, die sich mit allen Biowissenschaften befasst. Es gibt eine Rechtsethik, eine politische Ethik, eine Medienethik, eine Sportethik usw. Aber einige allgemeine Prinzipien müssen allen diesen speziellen Ethiken als Ethos zugrunde liegen, sonst kommen wir zu völlig disparaten Lösungen bzw. Lösungsvorschlägen. Und in genau diesem Zusammenhang, meine ich, müssen die Grundprinzipien eines Weltethos beachtet werden.

Vor allem muss überall das Humanitätsprinzip, wie es in der Weltethos-Erklärung von Chicago dargelegt wurde, zur Geltung kommen: „Jeder Mensch, ohne Unterschied von Alter, Geschlecht, Rasse, Hautfarbe, körperlicher oder geistiger Fähigkeit, Sprache, Religion, politischer Anschauung, nationaler und sozialer Herkunft besitzt eine unveräußerliche und unantastbare Würde. Alle, der Einzelne wie der Staat, sind verpflichtet, diese Würde zu achten und ihren wirksamen Schutz zu garantieren. Auch in Wirtschaft, Politik und Medien, in Forschungsinstituten und in Industrieunternehmen soll der Mensch immer Rechtssubjekt und Ziel sein, nie bloßes Mittel, nie Objekt der Kommerzialisierung und der Industrialisierung. Niemand steht jenseits von Gut und Böse. Kein Mensch, keine soziale Schicht, keine einflussreiche Interessengruppe und kein Machtkartell, kein Polizeiapparat, keine Armee und auch kein Staat. Im Gegenteil. Als ein mit Vernunft und Gewissen ausgestattetes Wesen ist jeder Mensch dazu verpflichtet, sich wahrhaft menschlich und nicht unmenschlich zu verhalten, Gutes zu tun und Böses zu lassen."

Das ist sehr allgemein gesprochen und muss auf die verschiedenen Praxisfelder und Situationen angewendet werden. Dazu kommt als Konkretisierung die Forderung der Ehrfurcht vor dem Leben. Sie ist die erste der vier „unverrückbaren Weisungen". Da wird deutlich gesagt, „Jeder Mensch besitzt das Recht auf Leben, körperliche Unversehrtheit und freie Entfaltung der Persönlichkeit, soweit er nicht die Rechte anderer verletzt. Kein Mensch hat das Recht, einen anderen Menschen physisch oder psychisch zu quälen, zu verletzen, gar zu töten. Und kein Volk, kein Staat, keine Rasse, keine Religion hat das Recht, eine andersartige oder andersgläubige Minderheit zu diskriminieren, zu ‚säubern‘, zu vertreiben oder gar zu liquidieren". Damit sind bereits viele Fälle als eindeutig unmoralisch, als unsittlich disqualifiziert. Vieles, was in Jugoslawien geschehen ist, war unmoralisch. Alles, was in der Nazizeit im Zusammenhang mit dem von den Nazis als „lebensunwürdig" deklarierten Leben, vom Großverbrechen der Vernichtung der sechs Millionen Juden einmal abgesehen, geschehen ist, ist durch diese Formulierung der uralten Weisung „Du sollst nicht morden" als unsittlich und unmenschlich erklärt.

Wenn es aber um konkrete Fragen heutiger Biotechnologie geht, muss man, wie in allen Fragen, die hoch komplex sind, mit generellen Geboten vorsichtig sein. Keine ethische Norm gilt ja einfach abstrakt. Es muss immer gesehen werden, auf welche konkreten Situationen die Norm jeweils angewendet werden muss. Das gilt auch für so klare Formulierungen wie „Du sollst nicht lügen". Was bedeutet diese Forderung in der konkreten Situation? Hätte ich zum Beispiel während der Nazi-Diktatur einen anderen Menschen der Gestapo ausliefern dürfen dadurch, dass ich die Wahrheit gesagt hätte? Das sind dann wieder spezielle

Konfliktfragen. Solche Werte- und Normenkonflikte hat es immer gegeben und wird es immer geben. Auch in der heutigen Gentechnologie ist das der Fall. Einerseits will man unheilbar kranken Menschen helfen und unter Umständen schon bei den Genen ansetzen, andererseits muss man die Würde des Menschen achten. Wie beides konkret möglich ist, ist nicht ohne weiteres von vornherein zu sagen. Natürlich wäre gerade von den Kirchen gefordert, nicht einfach nur die rigorose rechte Position der Unveränderlichkeit, der Immobilität und Nichtanpassung einzunehmen. Das mag manchmal notwendig sein. So hätte man sich das von den Kirchen in der Nazizeit gewünscht. In der heutigen Gentechnologie aber sind, so glaube ich, die meisten Biologen durchaus verantwortungsbewusste Menschen. Und unsere Ärzte wissen auch, dass die Entscheidungen – was darf ich, was darf ich nicht – nicht einfach zu treffen sind. Es wäre eine Aufgabe der Kirchen, auch in Fragen wie Empfängnisverhütung, Abtreibung und Sterbehilfe nicht einseitige, sondern vermittelnde Lösungen anzubieten: einen vernünftigen Weg der Mitte zwischen Libertinismus und Rigorismus!

Wissenschaftliche Kompetenz

Fehlt es den Kirchen nicht auch an Kompetenz für schwierige Sachfragen?

Manchmal fehlt es in der Tat an Sachverstand, wenn diese notorisch schwierigen Probleme zu behandeln sind. Aber manchmal fehlt es auch an Ehrlichkeit, und statt unvoreingenommener wissenschaftlicher Reflexion betreibt man ideologische Agitation. Vor einem „Kulturkampf" der Kirchen gegen die Naturwissenschaft – in Sachen Biotechnologie, Genforschung und Sterbehilfe – kann man nach all den historischen Negativerfahrungen mit solchen Konfrontationen nur warnen. Nur ein Beispiel: Jeder, der ernsthaft Theologie studiert, weiß, dass zu einer menschlichen Person der Geist gehört. Thomas von Aquin und viele Theologen waren nach Aristoteles der Meinung, dass der Mensch sukzessive beseelt wird. Am Anfang hat der Embryo eigentlich nur ein vegetatives Lebensprinzip, eine vegetative Seele, dann eine sensitive, quasi eine Tierseele, und erst in den letzten Monaten vor der Geburt eine intellektuelle Geist-Seele. Eine menschliche Person ist bestimmt durch diese Geist-Seele. Ein Tier kann keine Person sein. Insofern war früher das Problem der Abtreibung nicht als so schwerwiegend empfunden worden.

Heute müsste meines Erachtens von den Kirchen viel differenzierter argumentiert werden, natürlich auf der Höhe heutiger biologischer Wissenschaft. In der Frage des Lebensanfangs müsste man meines Erachtens deutlich unterscheiden zwischen „menschlichem Leben" und „menschlicher

Person". Menschliches Leben ist ohne allen Zweifel vom Anfang der Befruchtung oder zumindest von der Nidation, der Einnistung der Eizelle an gegeben. Ein befruchtetes Ei ist bereits menschliches Leben, aber es ist noch keine menschliche Person, weil es eben noch keine Gehirntätigkeit hat und noch keinen Geist entwickeln kann. Geist entwickelt sich mit der Zeit. Die Vorstellung von Aristoteles und Thomas von Aquin können wir natürlich nicht wörtlich nachvollziehen. Aber dass nicht alles von Anfang an in aller Form da ist, das müsste man auch heute zugeben. Dann wäre es meines Erachtens möglich, ein zweifaches zu bejahen: Erstens, dass von Anfang an menschliches Leben da ist, das mit Ehrfurcht zu behandeln ist, aber eben noch nicht ein Mensch als Person. Insofern kann man nicht bei jeder Abtreibung undifferenziert von Menschentötung reden, gar Menschenmord. Andererseits aber wird menschliches Leben im Laufe seiner Entwicklung, vor allem dann, in einer späteren Phase, wenn das Gehirn ausgebildet wird, geistfähig und besitzt auch einen Geist. Jetzt, als menschliche Person, ist grundsätzlich ein ganz anderer Schutz geboten. Zum Vergleich: Wenn mir jemand eine Eichel aus dem Garten stiehlt, ist das zwar schon in Potenz, klassisch scholastisch gesagt – virtualiter, aber nicht formaliter – eine Eiche. Aber ich kann nicht sagen, dass der Dieb, der mir im Garten eine Eichel gestohlen hat, mir eine Eiche umgehauen hat. Die ist eben erst nach erfolgtem Wachstum gegeben.

Ich verlange in diesem komplizierten Fall zunächst nur einmal sachgemäßes und vor allem ehrliches Diskutieren. Auf die Frage, ob befruchtetes menschliches Leben für Experimente, gar für die Züchtung von Organen verwandt werden kann, habe ich damit noch keine Antwort gegeben. Darüber sollte von den Fachleuten der Biologie, der Medizin, des Rechts, der Ethik diskutiert werden. Es müsste erst einmal genau festgestellt werden, was da sinnvoll und was nicht sinnvoll ist, was gefährlich ist und was ungefährlich.

Natürlich muss man immer versuchen, die Folgen abzuschätzen, die Folgen für das Individuum und für die Gesellschaft. Aber von vornherein zu sagen, hier geht gar nichts, hilft nicht weiter. Da bringt die Kirche einerseits den Staat in Schwierigkeiten, weil man, wie bei der Abtreibungsfrage, künstliche Fronten schafft. Andererseits bringt man die Kirchen selber in Misskredit, weil man den Eindruck erweckt: Die sind ja ohnehin immer gegen alle neuen Entwicklungen.

Ließe sich denn auf dieser Ebene, in diesen Fragen überhaupt eine Einigkeit unter den Weltreligionen herstellen?

Einigkeit unter den Weltreligionen? Das ist natürlich noch etwas ganz anderes als die Einigkeit in einer weithin christlich geprägten Nation. Denken Sie nur an Indien. Wer kann da schon eine Einheit zustande bringen, in einem so vielfältigen Kontinent, mit so verschiedenen Sprachen, Ethnien und Religionen? Das ist nicht einfach. Aber andererseits stimmt: Wenn gerade die katholische Kirche in Fragen wie Empfängnisverhütung und Abtreibung eine vernünftige mittlere Linie vertreten und diese auch auf der UN-Bevölkerungskonferenz von Kairo verteidigt hätte, wäre sie in einer führenden Funktion. Sie hätte es dann auch leichter gehabt, glaubwürdig gegenüber extremen libertinistischen Lösungen, die Abtreibung simpel als eine Form der Geburtenregelung hinstellen, Stellung zu beziehen. Wenn sie aber, wie das der Vatikan in Kairo praktiziert hat, sich auf dem äußeren rechten Flügel ansiedelt und dann auch noch einige kleine muslimische Nationen für ihre Extremposition zu gewinnen versucht, während die großen Nationen wie Indien und die muslimischen Staaten Ägypten, Pakistan, Indonesien, Irak und Iran, nicht mitmachen, dann ist eine Führungsposition des Christentums im Grunde chancenlos. Der Vatikan konnte sie nicht durchsetzen und schadete der Sache des Christentums gewaltig. Alle, die sich mit Problemen der Bevölkerungspolitik beschäftigen, die in China, in Indien und eigentlich überall in der Dritten Welt immens sind, kommen zu der Überzeugung, die katholische Kirche, der Vatikan, der Papst, sind unsere größten Feinde. Sie üben offen und verdeckt Obstruktion gegen alle Maßnahmen, die das Bevölkerungswachstum ein wenig einzudämmen versuchen.

Natürlich stimmt es, dass in islamischen Ländern wie Bangladesch eine offene Aufklärung über Geburtenregelung, Geburtenkontrolle, künstliche Geburtenregelung bislang nicht erlaubt ist. Aber vergessen wir nicht: Auch im katholischen Irland war noch bis in allerjüngste Zeit die Pille verboten. Darüber durfte man in Irland nicht einmal reden. Wir dürfen nicht erwarten, dass ein Land wie Bangladesch über Nacht alles mitmacht, wozu wir zum Teil 200 Jahre gebraucht haben. Welchen Sprung in die Moderne erwarten wir denn da? Das braucht einen langen Prozess der Erziehung. Zunächst muss eine gewisse Elite vorhanden sein, die von bestimmten konstruktiven Lösungen überzeugt ist. Da dürfen auch keine Fehler gemacht werden, wie zum Beispiel in Indien, wo unter Indira Gandhi, und dann vor allem unter ihrem Sohn Rajiv, praktisch Millionen junger Frauen zur Sterilisierung gezwungen wurden. Solche Radikalkuren schaden nur.

Nochmals zurück zu den schwierigen Fragen von Gentechnologie, Biotechnologie und Präimplantation. Ist da nicht ein Auseinanderdriften in der Ethik zu vermerken, ein geradezu egoistisches Vorteilsdenken der einzelnen Nationen, der einzelnen Wissenschaftler? Globalisierung und Weltethos auf der einen Seite – und auf der anderen Seite der Kampf um den eigenen Vorteil?

Keine Frage, solchen Tendenzen muss man etwas entgegensetzen: Dass nicht Forscher nur um ihres eigenen Ruhmes und Vorteils willen gar Experimente am Menschen vornehmen oder ähnliches mehr. Es ist auch keine Frage, dass rein kommerzielle Zwecke als Begründung nicht ausreichen, um bestimmte Experimente, die die Menschenwürde gefährden, durchzuführen. Doch gibt es viele Forschungen, die durchaus berechtigt sind. Gegen jegliche Form pränataler Diagnostik zu polemisieren, ist meines Erachtens einfach falsch. Schon längst hat sich durchgesetzt, dass heute eine Frau eine Fruchtwasseruntersuchung machen lässt, weil sie nicht will, dass sie ein dementes, schwerbehindertes oder nicht lebensfähiges Kind auf die Welt bringt. Das ist doch eine völlig berechtigte Sorge und durchaus kann man daher überlegen, ob nicht auch andere Methoden, gerade bei der In-vitro-Fertilisation, toleriert werden müssten.

Ernste Bedenken habe ich allerdings, wenn man versuchte, einen neuen Menschen zu konstruieren, wo man also nicht dem Einzelnen helfen will, sondern den Ehrgeiz hat, künstlich einen besseren Menschen zu schaffen. Der Mensch als Schöpfer: Ich kann mir nicht vorstellen, dass dabei etwas Besseres herauskommt. Man überschreitet die Grenze der Menschenwürde, wenn man meint, dieses menschliche Leben, das noch nicht Person ist, als völlig frei verfügbares Material ansehen zu können. Das darf man nicht dulden. Aber wo genau dann die Grenze ist, sollen meines Erachtens die Spezialisten, zu denen ich nicht gehöre, diskutieren. Diese schwierige Frage wird man auch nicht an einem Vormittag regeln, sondern muss ohne Zeitdruck diskutiert werden. Voraussetzung meiner relativen Gelassenheit ist die Überzeugung, dass es in allen Disziplinen, nicht nur in der Ethik, sondern auch in der Biologie und der Medizin, durchaus verantwortungsbewusste Männer und vor allem Frauen gibt, die nicht nur auf wissenschaftlichen Ruhm oder bloß auf kommerzielle Verwertung aus sind, sondern eine selbstkritische Funktion wahrnehmen.

Globalisierung

Die Idee Weltethos hängt eng mit dem Begriff „Globalisierung" zusammen, und Sie diskutieren ja auch mit Unternehmen, die global agieren. Ist dort ein Bedarf für global geltende ethische Richtlinien vorhanden? Oder tut man nicht letztendlich doch das, was am meisten Gewinn abwirft?

Ich habe schon 1990 von globalem Ethos geredet, als noch kaum jemand von Globalisierung redete. Aber globales Ethos ist natürlich im Zeitalter der Globalisierung besonders dringend geworden. Man hat lange Zeit behauptet, Gewinnmaximierung sei der Zweck eines Unternehmens. Diese Sicht hat man inzwischen zumindest in Europa längst aufgegeben. Es gibt zwar zur Zeit wieder solche Tendenzen, die von Amerika ausgehen. Dagegen gehen wir an. Die Stiftung Weltethos hat im März 2001 in Baden-Baden ein Kolloquium über „Globale Unternehmen und globales Ethos" veranstaltet. Auf diesem Symposium hat kein einziger der hochrangigen Wirtschaftsführer den Standpunkt verteidigt, es gehe in den Unternehmen nur um Shareholder Value, was das Unternehmen für die Aktionäre an Gewinn abwirft. Sie sagten stattdessen durchweg, es gehe um die Stakeholders, also um alle, die einen „Stake", einen Anteil, haben an diesem Unternehmen. Das sind natürlich in erster Linie Mitarbeiterinnen und Mitarbeiter in Produktion und Verwaltung. Das sind aber auch die Zuliefererfirmen, die Kunden und natürlich auch die Finanziers: ein höchst komplexes Gebilde also. Bei einem großen Unternehmen sind ja noch Hunderttausende neben den eigentlich Beschäftigten involviert. Darauf muss ein Unternehmen Rücksicht nehmen. Und es kann im Grunde auch nicht anders. Einen anderen Kurs zu fahren, ist öfters versucht worden, aber das hat meistens sehr viel Geld gekostet. Selbst große Konzerne wie Shell mussten schließlich einsehen, dass sie nicht ohne Rücksicht auf die Bevölkerung und die Umwelt agieren können. Auch die Basler Chemie hat aus den Unfällen gelernt, sorgen jetzt für Sicherheit, achten auf die Sauberkeit des Rheins, regeln Umweltprobleme, etc. Heute kann ein Unternehmen auf Dauer nur florieren, wenn es unter Beweis stellt, dass es auch sozial und umweltfreundlich eingestellt ist. Selbst große Sportartikel-Firmen in Amerika haben Probleme bekommen, wenn sie gewisse ethische Normen nicht beachtet haben in Bezug auf die Produktion und die Arbeitsbedingungen in der Dritten Welt.

Ist die Perspektive des Weltethos für solche Unternehmen hilfreich? Hilft sie, Unterschiede auszugleichen? Ein globales Unternehmen agiert ja in verschiedenen Gesellschaften, die sehr unterschiedlich konstruiert sind.

Ethos ist überhaupt eine sehr hilfreiche menschenfreundliche Angelegenheit. Leider wurde es oft von Seiten der Kirchen in Form von Moralin verabreicht und wurde dann als etwas wahrgenommen, was die Menschen unterdrückt. Aber im Grunde ist Ethos so hilfreich wie bei einer kurvigen Bergstrecke die Leitplanken, die nicht einengen, sondern helfen sollen, dass man einigermaßen sicher hinauf- und herunterkommt. Auch für Unternehmen sind ethische Regeln so etwas wie Leitplanken. Sie helfen den einzelnen Mitarbeitern, die sich darauf berufen können, wenn sie zum Beispiel Korruption oder Lügen nicht mitmachen wollen. Ich glaube nicht, dass Korruption oder Lüge etwas ist, das einem Unternehmen auf Dauer gut tut.

Man muss ganz prinzipiell feststellen: Wenn wir nur eine Globalisierung der Ökonomie, der Technologie und der Kommunikation und nicht auch eine Globalisierung des Ethos realisieren, dann haben wir keine Sicherheit, dass nicht das alles sich zum Schaden der Menschheit ausweitet. Denn darüber besteht heute immer mehr ein Konsens, selbst bei denjenigen, die zunächst einmal alle Formen der Globalisierung abgelehnt haben: Dass wir alle sehr viele Vorteile haben von der Globalisierung und jeder froh ist, wenn er faxen und E-Mailen kann, wenn es einen effizienten internationalen Flugverkehr und einen reibungslosen internationalen Zahlungsverkehr gibt. Das sind nur einige der Vorteile. Umgekehrt sind auch diejenigen, welche die Globalisierung ursprünglich nur gepriesen haben, mittlerweile davon überzeugt, dass es auch Verlierer gibt in diesem Prozess. Es gibt Betriebe, die bankrott gemacht haben. Es gibt Arbeitslose, die auf Grund von Outsourcing ihren Arbeitsplatz verloren haben. Es gibt ganze Nationen, die in den Windschatten geraten sind, ja ganze Kontinente. Afrika ist ein solcher Problemkontinent, an dem die Globalisierung vorbeigeht. So entsteht erst recht eine neue und sich immer rascher vertiefende Kluft zwischen denen, die Computer besitzen, Faxgeräte haben und über alle neuen technischen Möglichkeiten verfügen, und denen, die das alles nicht haben. Auf Dauer ist dieser Zustand höchst fatal. Die alte Nord-Süd-Spannung wird so noch vertieft, der Graben zwischen den „have and have-nots", wie man im Englischen sagt, durch den ungleichen Zugang zu diesen neuen Technologien potenziert. Man müsste also noch stärker darauf achten, dass sich die Globalisierung erstens sozial und zweitens umweltbewusst vollzieht, und vor allem dass niemand einfach außen vor bleibt.

Dass dieser Prozess hohe Anforderungen an jeden einzelnen stellt, dass auch alle Nationen neu gefordert sind, steht außer Frage. Das gilt für Afrika, wo nicht zuletzt

Afroamerikaner, die Afrika besucht haben, ganz entsetzt waren, dass nicht mehr Disziplin und Arbeitswille vorhanden ist, dass unter den Eliten so viel Korruption zu beobachten ist, dass Millionen Hilfsgelder versickern. Das gilt schließlich auch für Europa. Auch in Deutschland sind wir heute ganz anders gefordert, wir stellen fest, dass wir „in competition" sind und dabei unter Umständen ins Hintertreffen gelangen, selbst gegenüber den eigenen Nachbarn, dass die Produktivität in Frankreich, Holland, in Skandinavien unter Umständen größer ist als in der Bundesrepublik. Daher wird man sich fragen müssen, ob allein mit Verteilen immer neuer Wohltaten und sozialen Errungenschaften die anstehenden Probleme zu lösen sind. Zu überlegen ist, ob nicht unter Umständen der bei uns hoch regulierte Arbeitsmarkt liberalisiert werden müsste, wie das in anderen Ländern geschieht, auch wenn das unter Umständen für einige bequeme Leute unbequem wird. In dieser sich rasch entwickelnden Wirtschaft ist immer wieder neue Anpassung gefordert. Wenn ein Unternehmen diese Flexibilität nicht schafft, ist es gefährdet. Wenn eine Nation als ganze sich nicht anstrengt, ist sie ebenso gefährdet.

Sind die Medien ein Verbündeter für die Idee Weltethos?

Man muss Kenntnis haben von den Werten und den Religionen, um eine Richtschnur zu finden. Die Medien sind natürlich eine Macht ersten Ranges, glücklicherweise nicht nur, um Schlechtes, sondern auch um Gutes zu verbreiten. Und es nützt auch nichts, wenn man sich über einen gewissen qualitativen Niedergang beklagt, selbst in den öffentlich-rechtlichen Anstalten aufgrund des Druckes, der von Privatsendern ausgeht. Ich habe gemeinsam mit dem Südwestrundfunk (SWR) eine siebenteilige Fernsehserie über die Weltreligionen mit dem Titel „Spurensuche" gemacht. Das war eine ungeheure Herausforderung für mich und das Team. Ich wollte in 7 x 50 Minuten das Wesen der sieben großen Religionen und ihre Paradigmenwechsel einfangen und wollte gleichzeitig das Ethos dieser Religionen herausstellen. Die Schwierigkeiten, viertausend Jahre chinesischer Religionsgeschichte oder ungefähr den gleich langen Zeitraum indischer Religionen aufzuarbeiten und die entstandenen Probleme zu zeigen, liegen auf der Hand. Aber es hat sich als möglich erwiesen, und ich bin außerordentlich dankbar, dass wir jetzt diese Ideen multimedial verbreiten können. Man kann alle Filme als Video ansehen, man hat eine pädagogisch-didaktisch aufbereitete CD-ROM zur Verfügung mit einer Fülle zusätzlicher Informationen, man hat den Bildband, der vieles nochmal deutlich und verständlich ausführt. Wir haben aufgrund dessen auch eine Wanderausstellung „Weltreligionen – Weltfrieden – Weltethos" konzipieren und realisieren können, die wiederum auf diesen Voraussetzungen beruht. Diese Wanderausstellung gibt es in drei deutschen Fassungen und wandert in Deutschland, der Schweiz und Österreich von einer Stadt zur anderen. Ich habe kürzlich in England die erste englischsprachige Ausstellung eröffnet. Und im Dezember/Januar 2001/2 war eine zweite englische Fassung im Hauptquartier der Vereinten Nationen in New York zu sehen. Darauf sind wir stolz. Das sind ungeahnte neue Möglichkeiten, mit denen man die Idee Weltethos verbreiten kann. Und gerade die Schulen sind hierfür von ungeheurer Bedeutung. Ich bin froh, dass in Baden-Württemberg, aber auch in anderen Bundesländern, ein sehr großes Interesse für das Projekt Weltethos besteht. Wir haben sehr viel Resonanz bekommen. Unsere Mitarbeiter referieren laufend bei Veranstaltungen der Lehrerfortbildung. Wir haben in Deutschland und in der Schweiz Wettbewerbe für Lehrer durchgeführt, wie man über die Religionen reden kann und wie man vor allen Dingen die Idee des Weltethos verbreiten kann. Die Schulen werden vermutlich Weltethos nicht als eigenes Fach einführen können. Das ist aber auch gar nicht nötig. Es ist schon ein großer Schritt, wenn die Perspektive des Weltethos als ein eigener Blickwinkel in die Lehrpläne des Religions- und Ethikunterrichts aufgenommen wird. Darüber hinaus ist es auch wichtig, dass ein Geographielehrer, wenn er zum Beispiel Indien oder China behandelt, solche Fragen mit einbringt. Die Schüler sind meistens eher daran interessiert, wie ein Volk lebt, welche Normen dort gelten, wie sie mit gewissen Problemen umgehen, als nur die Namen der Flüsse eines Landes kennen zu lernen.

Buddha und Jesus

Wie hat sich Ihr eigenes religiöses Selbstverständnis durch den Umgang mit den asiatischen Religionen Hinduismus und Buddhismus verändert? Ist Ihnen etwas Neues aufgegangen?

Zunächst einmal hat sich eine gewaltige Horizonterweiterung abgespielt. Es ist schon ein Unterschied, ob Sie als Schweizer Knabe nur die näheren Berge kennen oder ob Sie Europa kennen. Und es ist ein noch größerer Unterschied, ob Sie Europa kennen oder den Nahen Osten oder gar alle anderen Kontinente. Ich hatte früh angefangen zu reisen, schon als Gymnasiast. Glücklicherweise waren wir damals nach dem Krieg privilegiert und konnten z. B. schon nach England reisen, als kaum ein Deutscher den Kanal überqueren durfte.

Ich habe die Gelegenheit häufig genutzt. Reisen ist nicht immer nur bequem und erfreulich. Es hat oft Anstrengungen erfordert, und heute bin ich sehr oft froh, wenn ich nicht reisen muss, sondern am Schreibtisch sitzen kann. Aber immerhin, ich habe, abgesehen von Sibirien, alle wichtigen Regionen der Erde kennen gelernt und kann darüber ganz anders reden, als wenn ich sie nicht gesehen hätte. Etwas darüber lesen ist eine Sache, etwas gesehen zu haben, ist etwas ganz anderes. Es hat meine Tätigkeit in internationalen Gremien sehr erleichtert, dass ich meistens sagen kann: „Ja, in Ihrem Land war ich auch schon mal." Und dann erkundige ich mich, wie sich die Lage politisch, sozial, religiös entwickelt hat?

Gleichzeitig mit dieser Horizonterweiterung ist natürlich auch eine innere Bereicherung einhergegangen. Ich sehe die Figur Jesu von Nazareth noch einmal in einem ganz anderen Kontext. Für mich hat das alles nicht zu einer Einebnung geführt, im Gegenteil. Ich habe das schon angedeutet im Zusammenhang etwa mit dem Propheten Mohammed. Ich sehe jetzt erst recht, wie wichtig es ist, dass wir eine geschichtliche Gestalt haben, die am Ursprung des Christentums steht, die Gewaltlosigkeit verkörpert, die den Dienst am Menschen zentral herausstellt, die Verzeihen lehrt und Teilen, die eine Weltsicht schenkt und einen Weg durch die Welt ermöglicht, der auch heute nach Jahrtausenden lebenswert ist. Für mich jedenfalls hat sich kein besserer gezeigt.

Jesus und Buddha – welche Ähnlichkeiten und Parallelen gibt es zwischen ihnen?

Beide sind faszinierende Gestalten! Ihnen ist sehr vieles gemeinsam. Jesus und Buddha waren beide Wanderprediger. Beide haben Jünger um sich gesammelt. Beiden ging es darum, für Selbstlosigkeit einzutreten. Beide waren für Barmherzigkeit, für liebendes Mitleid, für mitleidende Liebe. Es gibt also zweifellos zahlreiche Parallelen zwischen Jesus und Buddha. Allerdings ist der gesamte Kontext doch auch wieder sehr verschieden. Sie repräsentieren zwei sehr verschiedene Stromsysteme.

Die Religionen sind nicht derartig wirr, wie es manchmal aussieht, so wenig wie die Flüsse dieser Erde einfach wirr verlaufen. Vielmehr gibt es ganz bestimmte religiöse Stromsysteme, vor allem das eine, aus dem Jesus selber stammt, das nahöstliche prophetische Stromsystem. Auch Araber sind ja Semiten. Dort ist der Prophet der Prototyp. Buddha jedoch stammt aus dem indischen Stromsystem, einem eher mystischen Stromsystem. Darin stehen sich Gott und Mensch nicht derartig gegenüber, wie das in der prophetischen Tradition der Fall ist, denn wir sagen „Gott in der Höh' sei Preis und Ehr", und wir sind die armen Sünder auf Erden. Das ist typisch für Judentum, Christentum und Islam. Die indische Frömmigkeit kennt zwar auch Schuld und Versagen, aber sie ist doch stärker darauf ausgerichtet, dass ich mir meiner selbst bewusst werde, wenn ich nach innen gehe, vor allem durch Meditation und andere Formen, dass ich dann in meinem tiefsten Seelengrund das Absolute finde. Das „Atman", die Seele, und das „Brahman", das Göttliche, das Absolute, sind letztlich identisch. Das ist eine ganz andere Sicht der Dinge. Buddha sitzt nicht umsonst mit gesenkten Augen da, in der Meditationshaltung. So wird der betende Jesus nicht abgebildet. Wie und wo betete Jesus? Er betete in der Wüste, kämpfend mit Dämonen, oder am Ölberg: das ist eine ganz andere Art und Weise. Jesus wird gezeigt, wie er selbst mit Gott ringt. Schon in dieser zentralen Gebärde des Gebets oder der Meditation kann man die beiden Figuren also nicht einfach aufeinander zurückführen.

Haben Sie Verständnis dafür, dass der gekreuzigte Jesus in der asiatischen Welt kaum Resonanz findet?

Genau hier liegt gerade der entscheidende Unterschied. Das Spezifische des Jesus von Nazareth ist das Kreuz. Wenn er nicht gekreuzigt worden wäre, wäre auch seine Wirkung völlig anders gewesen, und man hätte möglicherweise gar nichts von ihm aufgeschrieben. Wir verstehen das Kreuz meist nur als Zeichen für ewiges Leben. In diesem Sinn ist Jesus der Gekreuzigte und von Gott zu Gott Auferweckte. Aber, der Nazarener stirbt am Kreuz mit einem Schrei. Das ist nun etwas grundsätzlich Verschiedenes von Buddha, der nicht wie Jesus als junger Mann umgebracht wurde. Jesus hat bestenfalls drei Jahre gewirkt, unter Umständen sogar nur ein kanppes Jahr, wenn eine bestimmte Chronologie der Evangelien stimmt. Er führte ein außerordentlich rasch gelebtes öffentliches Leben, dramatisch zugespitzt, sofort in Konfrontation mit dem religiösen und dem politischen Establishment. Und dann dieser „Schandtod", am Kreuz, verscheidend mit einem Schrei. So starb ein Mensch, der die Nähe des Gottesreiches angekündigt hatte. Dramatischer geht es nicht.

Die Biographie des Buddha liest sich völlig anders. Buddha stirbt in hohem Alter, von seinen Schülern umgeben, an einer Lebensmittelvergiftung. Der Buddha hat in diesem Sinne einen friedlichen Tod gehabt. Und die bildhafte Darstellung Buddhas könnte nicht verschiedener sein von der Darstellung Jesu. Der Buddha wird auf einer Lotusblüte sitzend dargestellt, und er strahlt Heiterkeit aus. Die Lotusblüte, die zwar im Schlamm wurzelt, aber auf dem Wasser rein ist, ist das Symbol für die Reinheit im diesseitigen Leben. Der Buddha zeigt die Serenität und Gelassenheit eines Menschen, der alles durchschaut hat, der die Unbeständigkeit aller Dinge, die Leerheit aller Dinge erkannt hat. Das ist das, was die „Erleuchtung" und der „Eingang ins Nirvana" genannt wird. Schon in dieser Welt und erst recht im Pari-Nirvana, im Sterben.

Das alles ist sehr verschieden vom Christentum. Und man sollte nicht einfach das eine auf das andere zurückführen wollen. Man kann Buddha bewundern, was ich tue, als eben diese abgeklärte Gestalt, und man möchte sich manchmal wünschen, man wäre auch so. Aber ich bin mir wiederum bewusst, dass es überall in der Welt, auch in Indien natürlich, ein Leid gibt, das die Leute verzweifelt aufschreien lässt. Es gibt Situationen, wo auch alle Meditation im Grunde nicht mehr hilft, wo nur absolute Verzweiflung existiert: „Mein Gott, mein Gott, warum hast Du mich verlassen?" Dass man verlassen ist, kann jeder Mensch unter gewissen Umständen erfahren. In solchen Stimmungen und Situationen stellt der Gekreuzigte dann doch noch einmal eine andere Antwort dar auf diese letzte Verzweiflung. Ich glaube, man sollte sie nicht aufrechnen gegen die Abgeklärtheit des Buddha.

Ist nicht ein entscheidender Unterschied zwischen buddhistischer Ethik und abendländisch-christlicher Ethik, dass sich buddhistische Ethik weder auf Dogmen noch auf eine göttliche Autorität beruft?

Ja, auf eine göttliche Autorität beruft man sich im Buddhismus nicht. Allerdings muss man auch sehen, dass der real existierende Buddhismus, speziell im Mahayana, auch den Buddha sehr oft zu einer wirklichen Autorität macht. Wenn Sie in einen Tempel in Japan kommen, werden auch Ehrbezeugungen vor den großen Buddhagestalten vorgenommen, im Grunde also Riten, die wir mit unserer Gottesverehrung gleichsetzen. Aber in der Tat würden die Buddhisten sagen, dass bei ihnen die Botschaft selber, die Lehre, „Dharma", im Vordergrund stehe. Die Lehre muss man verstehen, unabhängig von der Autorität. Auch der Buddha selber sagt, man solle die Lehre nicht annehmen, weil er sie verkündet hat, sondern weil man sie einsieht. Das ist schon eine andere Haltung als im Christentum. Tatsächlich kennt der Buddhismus nicht diese vielen verpflichtenden Dogmen, die in der römisch-katholischen Kirche viele belasten – zumindest nicht für die einfachen Gläubigen. Die großen buddhistischen Systeme sind allerdings außerordentlich kompliziert und können mit den unsrigen durchaus wetteifern. Aber was die Theologie angeht, hat man den Eindruck, dass der Buddhist nicht so bedrängt wird von zahllosen dogmatischen Vorschriften und Entscheidungen, wie das im Christentum der Fall ist.

Es ist eine autoritäre „Gängelung" im katholischen Sinne auch gar nicht möglich. Zwar hat es auch im Buddhismus Konzilien gegeben, die genauso wenig die Spaltungen – zwischen dem Kleinen und Großen Fahrzeug, dem Hinayana und dem Mahayana – verhindern konnten. Aber das alles hält sich doch sehr in Grenzen und ist nicht so umfangreich wie in der römisch-katholischen Kirche. Wobei der entscheidende Unterschied auch der ist, dass es im Buddhismus, wie übrigens auch im Islam, keine zentrale Lehrautorität gibt, die einfach dekretierten und überall inquisitorisch tätig werden könnte.

Der Hinduismus und der Buddhismus wollen ja die Welt, die trügerische Scheinwirklichkeit dieser Welt überwinden. Das Christentum will die Welt prägen und vollenden. Gibt es da Schwierigkeiten beim Gespräch schon bei dem Verständnis von Welt?

Es gibt zwar Unterschiede, aber eine gewisse Weltgestaltung ist in jeder Religion erfolgt. Der ursprüngliche Buddhismus hat sicher stark mönchische Züge: Die Mönche bildeten und bilden die eigentliche Elite. Im Grunde können nur sie ins Nirwana eingehen, weil sie sich gezielt darauf vorbereitet haben. Die Mönche ziehen sich entweder in ein Bergkloster zurück oder sind Wandermönche, die zweifellos nicht auf Weltgestaltung hin arbeiten. Aber auch der Buddhismus hat so etwas erlebt wie eine „konstantinische Wende". Kaiser Ashoka hat zuerst große Teile Indiens, vor allem Nordindiens, erobert und dann ein buddhistisches Reich errichtet. Er ließ überall Stelen mit den buddhistischen Geboten aufstellen. Ashoka ist zweifellos für die Buddhisten die große Lichtgestalt – und er ist tatsächlich ein Welt-Gestalter. Später sind in den Reichen Sri Lankas, Thailands oder Burmas buddhistische Herrscher an die Macht gekommen, die Ashoka zum Vorbild nahmen.
    Auf diesem Hintergrund ist der Unterschied zwischen Christentum und Buddhismus dann doch nicht so groß,

wie man annehmen könnte. Auch das Christentum ist ja ursprünglich keine Machtreligion gewesen, sondern eine geistliche Religion. Heute stehen wir wieder vor einem Paradigmenwechsel. Wir werden wohl einiges, was sich im Laufe der Jahrhunderte angesammelt hat, wieder aufgeben müssen. Manches sind bloße mittelalterliche Relikte. Christentum, Buddhismus und auch der Islam – die meisten der großen Religionen haben mit ihrem eigenen Mittelalter zu kämpfen. Und insofern sollten die Religionen immer nach ihren Paradigmen verglichen werden. Es ist wenig sinnvoll, einen mittelalterlichen Islam mit einem modernen Christentum zu vergleichen. Man muss den mittelalterlichen Islam mit dem mittelalterlichen Christentum und den modernen Islam oder dem modernen Buddhismus mit dem modernen Christentum vergleichen. Dann bleiben immer noch genügend Unterschiede.

Ich glaube, es stehen allen Religionen gewaltige Herausforderungen bevor: wie sie auf Grund ihres Ursprungs mit ihrem Mittelalter fertig werden und in eine Moderne hineinwachsen, die bereits auf dem Weg zur Nachmoderne ist. Darin liegen die eigentlichen Schwierigkeiten. Wie schon gesagt: Das Christentum hat auf Grund einer sehr schwierigen Geschichte während der Reformation und der Aufklärung schon einiges vollzogen, was andere Religionen noch vor sich haben. Vor allem haben Protestanten und Katholiken eine Schriftauslegung entwickeln können, die das Ursprüngliche heraushebt und besser als andere sieht, was in ihren heiligen Schriften wesentlich und was nicht wesentlich ist.

Christentum – Motor des Dialogs

Ist also das Christentum letztlich der eigentliche Motor des Dialogs der Weltreligionen?

Sicher ist das Christentum heute wohl am stärksten engagiert, wenn man diesen Dialog auf Weltebene sieht. Aber das erste Parlament der Weltreligionen fand bereits im Jahre 1893 statt, hundert Jahre also vor dem, an dem ich teilgenommen habe. Ich möchte daran erinnern, dass dieses erste Parlament der Weltreligionen wesentlich bestimmt worden ist von Swami Vivekananda, einem Hindumönch, der ein charismatischer Mensch war. Er hat zum ersten Mal in einem Parlament der Religionen aus Ost und West für Verständigung plädiert. Vorher gab es das nicht. Es gab bestenfalls christliche Versammlungen. Chicago 1893 war in dieser Hinsicht eine Premiere. Aber Swami Vivekananda war ein Vereinzelter, während die Mehrzahl der Teilnehmer aus dem Westen kam. Heute ist es zudem so, dass alle östlichen Religionen auch im Westen vertreten sind, und es gibt eine ganze Reihe von westlichen Buddhisten. Es gibt auch, das sollte man an dieser Stelle nicht vernachlässigen, viele kleinere Religionsgemeinschaften wie Sikhs, Jains, Bahais. In London sind alle diese Gruppen, auch die Hindus stark vertreten. Da ist es schon nicht mehr einfach, Ost und West zu teilen. Sie leben nebeneinander in einer westlichen Stadt, haben viele westliche Gewohnheiten angenommen. Umgekehrt gibt es Christen, die in Asien leben und von deren Lebensstil auch sehr vieles aufgenommen haben.

Die Globalisierung ist also ein Prozess, der auch die Religionen betrifft. Keine Religion lebt abgeschieden für sich allein. Sie wird damit rechnen müssen, dass bald einer von außen hineinkommt und einer von ihnen hinausgeht in die ganz andere Welt und dann wieder zurückkommt. Denken Sie an den ganzen geistigen Austausch, der zum Beispiel zwischen Deutschland und der Türkei herrscht. Wie viele Türken leben hier als Türken! Aber sie empfinden sich eher als Deutsche, wenn sie wieder in die Türkei zurückkehren. Das ist die Welt, wie sie sich wohl in Zukunft noch mehr ausgestalten wird.

Religionen verlieren also an Profil? Anders gesagt: Jeder sucht sich das, was ihm an dieser Religion gefällt und nimmt es mit.

Die Religionen verlieren nur zum Teil an Profil. Denn sie gewinnen auch insofern etwas hinzu, als jetzt etwa ein Muslim plötzlich sehr viel deutlicher merkt, warum er Muslim ist. Das ist ihm früher nicht so aufgefallen, als er in der Türkei war. Es gibt auch Muslime, die aus der Türkei kommen, dort Atatürks Säkularismus mitgemacht haben und dann plötzlich hier in Deutschland einen neuen Zugang zum Islam finden. In diesem Sinne ist heutzutage alles möglich. Unter Umständen schält sich bei manchen so etwas wie eine Patchwork-Religion heraus, also eine zusammengebastelte Religiosität. Das ist vor allem bei nicht nur konfessionell, sondern religiös gemischten Ehen der Fall, wo beispielsweise ein mit einer indischen Frau verheirateter Christ dann das Diwalifest der Hindus mitfeiert und aus diesem Anlass auch Kerzen aufstellt und umgekehrt die Hindufrau das Christfest mitfeiert. Wenn solche Dinge passieren, ist das nicht schlecht. Nur müsste man darauf achten, dass nicht jeder von der Religion nur die Folklore mitnimmt, sondern auch um das Wesentliche dieser Religion weiß und gleichzeitig auf das im Ethos Verbindende achtet.

Gilt für Sie: Hauptsache der Mensch ist religiös?

Wenn er in humaner Weise religiös ist, natürlich. Es gibt auch Leute, die inhuman religiös sind. Das sind die Fanatiker, die Religion pervertieren. Ich habe zu Anfang vom Grundvertrauen geredet. Man muss nun einmal in der Welt und in der Wirklichkeit verwurzelt sein. Wenn ich nur religiös mit dem Kopf in den Wolken hänge und versuche, mich an ihnen festzuhalten und den Grund unter den Füßen verliere, dann zapple ich zwar herum und schaue immer schön nach oben, aber kriege keinen Fuß auf die Erde, und das ist auf Dauer keine Existenz. Solch ein Verhalten geht sehr oft schief, weil man sich letzendlich doch fallen lässt. Und in diesem Moment bricht dann die ganze religiöse Erweckung unter Umständen in sich zusammen.

Religiöser Fanatismus

Wir haben unter dem Stichwort 11. September 2001 schon das Thema Fanatismus berührt. Ich möchte es noch einmal vertiefen. Fanatismus erleben wir in vielen Religionen, im Judentum mit den Ultraorthodoxen, mit den islamischen Fundamentalisten oder den Traditionalisten im Christentum. Was steckt im Kern dahinter?

Da müsste man immer bei jedem Einzelnen schauen, was jeweils dahintersteckt, oder mindestens bei bestimmten Gruppierungen schauen, was genau dahintersteckt. Es ist ja nicht überall gleich. Viele Menschen im Iran sind zum Beispiel Fundamentalisten geworden, weil das Schah-Regime derart autoritär und korrupt war, dass es ihnen richtig schien, wieder bei der alten Religion, im Islam, Zuflucht zu suchen, um wieder festen Boden unter die Füße zu bekommen. Viele sind Fundamentalisten, auch Christen, weil sie mit der Moderne nicht zurecht kommen, weil sie enttäuscht sind von der modernen Entwicklung. Vielen in Ländern der Dritten Welt, zum Beispiel in Ägypten oder in Algerien, hat man vorgegaukelt, die Moderne würde ihnen alle Segnungen bringen. Wenn sie dann noch in einer Stadt wie Algier oder Kairo leben müssen, ist das kein Segen, was sich ihnen als Moderne zeigt. Da kann man in der Tat fragen, ob die Fellachen, die früher auf dem Land am Nil ihre Felder bebaut haben, nicht ein glücklicheres Leben geführt haben. Die Enttäuschung über den sogenannten westlichen Fortschritt ist zum Teil sehr groß, vor allem dort, wo sich keine echte Demokratie herausbilden konnte, wo die Bürger und Bürgerinnen keine wirkliche Mitbestimmung praktizieren können, wo sie einfach von der herrschenden Klasse bevormundet und ausgebeutet wurden und es zum Teil noch bis heute werden.

Unter solchen Voraussetzungen bekommen dann konservative muslimische Prediger sehr rasch Zulauf, die erklären: „Ja, woher kommt das alles? Davon, weil wir von der alten Religion abgefallen sind. Wir müssen sie wieder erneuern." Das ist an sich nichts Schlechtes, wenn die Erneuerung in der richtigen Weise geschehen würde. Sie finden übrigens im katholischen Bereich ähnliche Phänome, wo man den Menschen deutlich machen wollte, sie bräuchten nur wieder alle römischen Gebote einzuhalten, und dann würde es wieder besser werden. So sahen und sehen das auch manche muslimische Mullahs oder Prediger, manchmal sind es ja auch Laien: „Ihr müsst euch nur an die Scharia halten, und dann wird alles wieder besser." Das sind oft gutwillige Leute, die man nicht alle über einen Kamm scheren sollte.

Begriffe wie Fundamentalismus und Fundamentalisten sind ohnehin sehr unscharf. Es gibt Leute, die wollen sozusagen fromm sein und sind durchaus demokratisch gesinnt, sie sind jedenfalls keine Terroristen. Aber sie wollen nicht einfach säkularistisch sein. Sie finden, das Leben ohne Religion sei doch ein wenig trostlos, auch das Sterben, und sie möchten Religion praktizieren. Das sind noch keine Fundamentalisten im pejorativen Sinn des Wortes; manche ihrer Organisationen sind im besten Sinn sozial tätig. Unter Umständen haben sie Schwierigkeiten, wie sie ihre Religion zeitgemäß leben können und unterstützen dann problematische politische Forderungen und Parteien. Aber das Bedürfnis nach Religion ist nun einmal da. Es geht beim Einzelnen manchmal zurück, kann sogar ganz verschwinden. Man kann es auch verdrängen. Aber es gibt immer wieder Situationen, wo ein Mensch aufgrund der gesellschaftlichen

Entwicklung oder durch persönliche Erlebnisse negativer Art wieder zur Besinnung auf Religion gebracht wird und sagt: „Na ja, so schlecht war das alles eigentlich nicht. Jedenfalls möchte ich nicht, dass meine Kinder ganz gottlos aufwachsen. Also schicke ich sie lieber in eine Koranschule oder in eine christliche Schule ..." Das konkrete Leben ist sehr viel komplizierter als der Begriff Fundamentalismus suggeriert.

Gelingt es Ihnen denn auch, mit Fundamentalisten über Weltethos zu sprechen und sie für diese Idee Weltethos zu begeistern und zu interessieren?

Das Ethos ist eigentlich nicht das, was Probleme macht. Die Dogmatik macht Probleme. Ich selber komme ja vom Fach der Dogmatik her und musste mich immer wieder mit den Fragen des Glaubens und weniger mit den Fragen der Sitten auseinandersetzen. In meinen ersten Dialogbüchern liegen die Akzente ganz stark auf der Lehre, auf den Fragen des Glaubens im weitesten Sinne des Wortes. Sie finden darin weniger Fragen bezüglich des Ethos. Mir ist erst im Laufe der Zeit aufgegangen, dass die Weltreligionen sich im Ethos näher sind und man auf hochinteressante Fragen stößt, wenn man sich auf das Ethos unter interreligiösen Aspekten einlässt. Vor allem ist mir aufgefallen, dass man gewisse ethische Standards in allen Religionen findet und darüber sehr wohl auch mit einem Fundamentalisten reden kann. Der ist ja froh, wenn ein moderner Mensch wie unsereiner von ethischen Standards redet. Man muss darauf achten, nicht den gleichen Fehler zu begehen, der vom römischen Lehramt immer wieder gemacht wurde, dass man sich gleich, wenn man von Ethos redet, auf Sexualmoral fixiert und bei der Sexualmoral sogleich auf die Frage der Abtreibung. Fährt man auf dieser Schmalspur, dann wird man je nachdem Zustimmung bekommen oder nicht. Aber ein breiter Dialog ist unter diesen Voraussetzungen nicht möglich. Breiter Dialog ist dort möglich, wo man nach gleichen ethischen Maßstäben sucht, wie es allerneuestens auch der Papst in seiner oben zitierten neuen Ansprache an die Akademie der Sozialwissenschaften gefordert hat. Das ist ja das, was ich seit vielen Jahren getan habe und was man natürlich noch besser tun kann. Insofern sind Forscher der betreffenden Weltreligion aufgefordert, in ihrer eigenen Religion mit zu suchen, was sich an Anknüpfungsmöglichkeiten bietet, und zu überprüfen, wo sich die Religionen tatsächlich berühren.

Das heißt also: gemeinsames Suchen und nicht der Versuch, den anderen zu missionieren?

Ganz genau. Das ist der Unterschied auch zu der Idee des Naturrechts, die eine westliche Entwicklung ist, und zwar ihr Gutes, aber auch ihre Beschränkung hat. Es ist eine typische westliche Idee, wenn man sagt: „Alle Menschen haben eine menschliche Natur, und die ist unveränderlich. Folglich kann man auch anderen dieses Konzept beibringen." Das wird in Asien als Kulturimperialismus angesehen und abgelehnt, besonders wenn man aus dieser unveränderlichen Menschennatur noch Verbote der Empfängnisverhütung und ähnliches ableiten will.

Aber wenn man den Menschen deutlich machen kann, dass dieselben ethischen Standards, die wir haben, auch indische oder chinesische Standards sind, dann ist das natürlich für die Menschen in Asien attraktiv. Das reicht bis in den politischen und ökonomischen Bereich hinein. Es wäre hilfreich, wenn unsere Diplomaten, unsere Rechtsgelehrten und unsere Kaufleute sich in diesem Feld besser auskennen würden. Es gab eine große Diskussion vor noch nicht allzu langer Zeit auf der UNO-Menschenrechtskonferenz in Wien, wo der Delegierte der Volksrepublik China betonte, die Chinesen hätten ihre eigene große Tradition und sie legten Wert darauf, dass sie sich ihre Tradition bewahren könnten. Aber von all den übrigen Delegierten, immerhin ein paar hundert, war keiner fähig, auf diese Aussage zu reagieren: „Ja, wir sind da ganz der Meinung der chinesischen Delegation. Wir wollen diese Tradition durchaus ehren und ernst nehmen, dass gerade der Begriff des ‚Humanum‘, des wahrhaft Menschlichen, ‚Ren‘ auf Chinesisch, ein zentraler Begriff der chinesischen Tradition ist, dass der Humanismus der Chinesen einen bewundernswerten Grundzug darstellt und dass von dort her schließlich sich auch die Frage der Menschenrechte stellt.“

Wir Europäer haben oftmals sehr enge Blickwinkel bezüglich der Menschenrechte. Ich habe nicht umsonst so viel dafür gearbeitet und geworben, dass man gleichzeitig die menschlichen Verantwortlichkeiten oder Pflichten ernst nehmen muss. Diese sind so alt wie die Menschheit, sie sind älter als die ausformulierten Rechte. Es gab schon immer Pflichten der Kinder gegenüber den Eltern und der Eltern gegenüber den Kindern. So in allen Bereichen, etwa den vier ethischen Beziehungen, wie sie gerade die chinesische Tradition kennt.

Die Formulierung der Menschenrechte ist eine sehr wichtige, großartige Entwicklung, die bei uns mit der europäischen und amerikanischen Aufklärung einsetzte. Diese Menschenrechte wollen und sollen wir nicht nur defensiv verteidigen. Wir sind daran interessiert, dass sie in allen Ländern aktiv realisiert werden – zum Nutzen und zum Wohl der jeweiligen Bevölkerung. Aber wir würden unsere gute Absicht viel leichter verwirklichen, wenn wir gerade den Menschen in Asien gleichzeitig sagen würden: „Die Rechte verbinden sich immer mit bestimmten Pflichten.“ „Der Ganges der Rechte gründet im Himalaya der Pflichten“, wie Mahatma Gandhi sagte. Rechte wie Pflichten gründen letztlich in der Würde des Menschen.

Wahrhaftigkeit und Lüge

Welche Pflichten sind heute aus Ihrer Sicht in besonderer Weise gefragt?

Es geht um grundlegende Pflichten, die von allen gefordert sind. In der Erklärung des Parlaments der Weltreligionen zum Weltethos (Chicago 1993) ist breit ausgeführt, welche grundlegenden Pflichten für alle Menschen gelten: Gewaltlosigkeit und Ehrfurcht vor dem Leben, Gerechtigkeit und Solidarität, Wahrhaftigkeit und Toleranz, gegenseitige Achtung und Partnerschaft von Mann und Frau. Bestimmte Pflichten sind von bestimmten Berufen besonders gefragt: Im Bereich Medien ist besonders die Wahrhaftigkeit gefragt. Von Theologen übrigens ebenfalls. Aber von den Politikern ist noch mehr Gerechtigkeit und Solidarität gefragt. Von den Ärzten und Biologen die Ehrfurcht vor dem Leben. Man kann also Akzente setzen. Aber selbstverständlich gelten diese nie exklusiv.

Nur gibt es Tugenden, die in bestimmten Situationen besonders wichtig sind. Ich finde es zum Beispiel in der Diplomatie wichtig, Ehrlichkeit zu betonen. Ich habe öfters mit Diplomaten zu tun gehabt und mit ihnen diskutiert. Man trifft auf die Auffassung, in der Diplomatie käme man ohne Lüge nicht durch. Aber ich traf auch auf andere, die genau die entgegengesetzte Meinung vertreten und die meines Erachtens recht haben. Vor kurzem habe ich ein klassisches Lehrbuch der Diplomatie in der Hand gehabt – geschrieben vom Engländer Harold Nicolson – was stand da unter den Eigenschaften der Diplomaten an erster Stelle? Die Wahrheitsliebe. Und dies aus einem einfachen Grund: Vertrauen ist abhängig von Wahrhaftigkeit. Wenn man dem Botschafter eines anderen Landes nicht trauen kann, weil er gerne etwas vortäuscht oder Abmachungen nicht einhält – dann kommt dieser mit seinem Anliegen auch nicht weiter. Unwahrhaftiges Verhalten zahlt sich nicht aus. Bei der Ausbildung von Diplomaten müsste das Ethos gründlich zur Sprache gebracht werden. Henry Kissinger etwa, ein sehr fähiger Diplomat, stieß schließlich dort an seine Grenzen, weil man ihn zu Recht oder zu Unrecht verdächtigt hat, dass er diplomatisch kein ehrliches Spiel treibe und in Kairo anders rede als in Tel Aviv.

Sie haben mehrfach Ihre Abneigung gegen die Lüge zum Ausdruck gebracht. Der Umgang mit Lüge und Wahrheit ist sehr schwierig, auch in der Kirche. Denn Umgang mit Lüge und Wahrheit hat auch sehr viel damit zu tun, wie man mit seinem Gewissen umgeht.

Wahrhaftigkeit ist etwas, was man schon durch die Erziehung mitbekommen hat: Man lügt nicht. Dass jeder von uns wahrscheinlich schon einmal eine Notlüge begangen hat, ist nicht weiter schlimm. Aber es ist natürlich ein Unterschied, ob man mal aus Verlegenheit oder Not lügt oder ob man bewusst unwahrhaftig ist oder gar im ganzen Habitus verlogen ist. Das ist noch eine Steigerung. Es gibt Leute, die gar nicht merken, dass sie ständig lügen. Ich habe sowohl in der Theologie wie in der Kirche so viele Erfahrungen auf diesem Gebiet gemacht, dass mir die Wahrhaftigkeit immer wichtiger geworden ist. Die ersten Jahrzehnte meiner theologischen Arbeit kann ich wohl unter den Begriff der Freiheit stellen. Die Liebe zur Freiheit ist mir geblieben. Aber als ich mit der Zeit in die großen Auseinandersetzungen kam, ging es über weite Strecken im Kern um Wahrhaftigkeit. Ich habe gerne als Widmung in ein Buch geschrieben „Die Wahrheit in Wahrhaftigkeit", weil ich oft festgestellt habe, dass man zwar behauptete, die Wahrheit zu verteidigen, aber unwahrhaftig gehandelt hat. Dass man alle möglichen Tricks anwendete, um die Dogmen zurechtzubiegen, damit man sie noch irgendwie aufrechterhalten kann. Dass man also die Kirche und ihre Wahrheit mit unwahrhaftigen Mitteln verteidigt hat. Ich habe nur allzu oft erlebt, dass man von Kirchenmännern Dementis bekam, die nicht stimmten, wie auch Bestätigungen, die nicht stimmten. Während des Zweiten Vatikanischen Konzils fragte ich meinen berühmten Freund und Redakteur des Konzildekrets über die Religionsfreiheit, den amerikanischen Jesuiten John Courtney Murray,: „Was muss man von diesem amerikanischen Erzbischof von so und so halten?" Darauf sagte er: „Hans, he is an absolutely honest man. He would never lie if it would not be to the benefit of the church." (Er ist ein absolut ehrlicher Mann, er würde niemals lügen, wenn es nicht der Kirche zum Vorteil gereichte.) Da ist mir aufgegangen, dass an sich ehrliche Leute meinen, sie dürften lügen, wenn es um die Kirche (oder dem Staat) geht. Was ist da alles gelogen, verleugnet oder verschleiert worden, etwa im Zusammenhang mit dem unbiblischen Zölibatsgesetz. Was ist erst jetzt alles an Skandalen hochgekommen: Missbrauch von Kindern durch Priester, Vergewaltigung von Nonnen durch Priester und Bischöfe, Missbrauch von Segenshandlungen an Frauen – eine lange Liste. Missstände nicht nur in Deutschland, sondern in vielen Ländern. Was mich am meisten aufgeregt hat, ist der Missbrauch von Kindern und Jugendlichen. Von dem Missbrauch der Ordensfrauen in Afrika war den Hilfswerken und den verantwortlichen Autoritäten tatsächlich vieles längst bekannt. Warum wurde und wird das alles verdeckt und bestritten? Das sind Fragen, die mich mit der Zeit sehr allergisch gemacht haben gegen die Verletzung der Wahrhaftigkeit.

In der Theologie habe ich mir die intellektuelle Redlichkeit glücklicherweise schon frühzeitig angeeignet. Ich habe mir zum Prinzip gemacht, dass ich grundsätzlich nichts schreibe, was ich nicht sage, und dass ich nichts sage, was ich nicht glaube. Es gibt Theologen, von denen man unter vier Augen alles als richtig zugestanden erhält, was ich hier darlege. Aber wenn der Betreffende das schreiben oder auch nur laut sagen müsste, schreckt er zurück. In diesen Kontext gehört auch eine Art von theologischer Biertischtapferkeit nach Fakultätssitzungen. Diese Biertischtapferkeit verkehrt sich sehr schnell wieder in Leisetreterei auf dem Lehrstuhl, vor allem gegenüber der kirchlichen Hierarchie. Dieses unwahrhaftige, uneindeutige Verhalten hat mir stets missfallen. Ich hätte vieles einfacher haben können, wenn ich mitgeschimpft hätte wie viele andere und meinen Unmut, meine Kritik nicht so deutlich öffentlich gemacht hätte. Ja, ich stand oft in den Medien, und oft habe ich gegenüber Journalisten eingewendet: „Warum fragen Sie ausgerechnet mich?" „Ja", sagten sie, „Sie sagen uns die Wahrheit".

Allerdings habe ich auch frühzeitig gelernt: Wenn man die Wahrheit sagt, muss man manchmal bitter dafür bezahlen. Wenn man die Wahrheit in ungeschickter Weise in die Öffentlichkeit bringt, wird man zu Recht bestraft. Aber sehr oft ist es so, dass man, wie Luther sagte, nur „der Katze die Schelle umhängt" und für das ehrliche Wort, für die oftmals unangenehme Wahrheit, Prügel bekommt. Aber das muss man durchstehen.

Woher kommt die Sensibilisierung für Wahrhaftigkeit, für Gerechtigkeit? Ist das in Ihrem Elternhaus grundgelegt? War das ein Erziehungsstrang, der sich durch Ihr Leben zieht?

Ich glaube, dass ich einiges von meinen Eltern mitbekommen habe. Besonders meine Mutter hat in Sachen Wahrhaftigkeit ziemlich strenge Maßstäbe gehabt. Meine Sensibilisierung für Wahrhaftigkeit hat aber auch mit der katholischen Jugendbewegung zu tun, in der ich engagiert war. Da wurde sehr viel Gewicht darauf gelegt, dass man offen und gerade herausredet. Echtheit, Wahrhaftigkeit galt als Parole, die nicht nur das Wort betraf. In der Jugendbewegung haben wir – bis hin zu den Kleidern – in allen Dingen des Alltags mehr auf das Authentische gesetzt und wollten nicht einfach nur die Konvention abspulen. Das hat mich stark beeinflusst. Meine eigene geistige und spirituelle Bildung hat sich dann ebenfalls darauf ausgerichtet. Und schließlich habe ich in den sieben Jahren in Rom so viel Anschauungsunterricht mitbekommen, dass ich schon sehr genau Bescheid wusste, wie in der Kirche mit Wahrheit und Wahrhaftigkeit umgegangen wird. Ich konnte als Insider die ganze Institution Kirche gut kennen lernen und zugleich studieren, wie viel im römischen System auf historischen Lügen aufgebaut worden ist. Wie viele päpstliche Privilegien und Vorrechte gehen auf Fälschungen zurück! Dass ich dies in meinen Büchern aufgedeckt und publiziert habe, ist für die Hierarchie nicht sehr angenehm. Ich habe jetzt gerade wieder in England von einem katholischen Professor eine böse Rezension zu meiner „Kleinen Geschichte der katholischen Kirche" bekommen, weil ich die Entwicklung seit dem Mittelalter deutlich analysiert habe. Ich sage auch das Positive, aber ich verschweige nicht, was auf Fälschungen beruht, was sich alles an hierarchischer Macht angesammelt hat dadurch, dass Papst und Kurie, Bischöfe und Klerus immer noch mehr Macht haben wollten. Aber soll ich denn nicht auch das Unangenehme publizieren, damit die Leute merken, was in unserer Kirche Wahrheit ist und was Unwahrheit? Andere Rezensenten haben das erfreulicherweise anerkannt.

Warum tut sich denn die römisch-katholische Kirche so schwer, historische Unwahrheiten einzugestehen? Warum erfolgte die Rehabilitation von Galilei erst nach 400 Jahren?

Zunächst ist es einfach das ungeheure Gewicht der Geschichte. Kirchen, die erst aus Bewegungen des 16. oder 17. Jahrhunderts hervorgegangen sind, also eine kürzere Geschichte haben, sind nicht mit diesem Bleigewicht einer langen Tradition belastet. Und dann gibt es in der römisch-katholischen Kirche sehr viel mehr als in den östlichen Kirchen den massiven Machtapparat, der ungern zugibt, dass er falsche Entscheidungen getroffen hat. Man fürchtet vor allem: Wenn man einen Fehler zugibt, muss man automatisch auch andere zugeben, sodass das gesamte System brüchig wird. Man hat Angst, dass man sich unglaubwürdig machen würde, wenn man in schwerwiegenden Dingen des Glaubens oder der Sitte einen Irrtum zugäbe – wie man das zum Beispiel bei der Enzyklika „Humanae vitae" bei der Frage der Empfängnisverhütung der Fall war. Meine Auffassung ist in diesem Punkt genau umgekehrt: Wenn man Irrtümer und falsche Entscheidungen ehrlich eingesteht, gewinnt man wieder neues Vertrauen. Ich habe damals lange mit Paul VI. über diese Fragen geredet. Warum etwa hat schon sein Vorgänger Pius XI. in den dreißiger Jahren in der Enzyklika „Casti connubii" einen rigorosen – und aus der damaligen Zeitsituation heraus in etwa eher verständlichen – Standpunkt zur Empfängnisverhütung eingenommen: Es gab damals die Pille noch nicht, und die Sexualität wurde vielfach anders bewertet. Paul VI. hätte diese Auffassungen überprüfen und zum Ergebnis kommen können, dass man dreißig, vierzig Jahre später Sexualität und Empfängnisverhütung anders beurteilen könne – eine solche Enzyklika wäre doch sehr willkommen geheißen worden. Der Papst hätte gewaltig an Glaubwürdigkeit gewonnen. Die Öffentlichkeit hätte gesagt: „Seht, wie souverän sie fähig sind, mit ihren eigenen Irrtümern fertig zu werden." Und man hätte sich neu auf konstruktive Ziele ausrichten können. Die Leute wären dankbar gewesen, wenn sie jetzt nicht mehr die Anwendung der Pille beichten müssten. Sie hätten in Verantwortung Empfängnisverhütung betrieben.

Immerhin steht doch im Neuen Testament: „Die Wahrheit wird euch frei machen." Aber in unserer Kirche hat man offensichtlich Angst, dass die Wahrheit tatsächlich frei machen könnte. An diesem Punkt kommen wir an das Problem, das schon Dostojewski im Großinquisitor thematisiert hat: Es gibt Kirchenmänner, die der Meinung sind, die Menschen vertragen diese Freiheit gar nicht. Man müsse sie vor ihrer eigenen Freiheit schützen. Wenn die „Glaubenskongregation" von Joseph Kardinal Ratzinger wieder einmal inquisitorisch gegen einen Theologen eingeschritten ist, wie neuerdings wieder geschehen gegen den ceylonesischen Ökumeniker Tisa Balasuriya oder den spanischen Moraltheologen Vidal in Fragen der Sexualmoral, dann beansprucht sie, die Gläubigen durch ihre Inquisitionsmaßnahme zu „schützen", weil sie angeblich von diesen Theologen verführt werden könnten. Die Glaubenskongregation will sogar die Bischöfe „schützen", ja alle, die diesen Professor gehört haben, und die Theologen überhaupt. Das ist doch eine Verkehrung des Ganzen. Im Grunde ist dies doch eine Polizeimaßnahme der Glaubensinquisition, die das römische Lehr- und Disziplinarsystem schützen will – gegen Aufklärung und Reform! Man zwingt einen Theologen dazu, etwas zu unterschreiben, was er im Grunde nicht unterschreiben will. Aber wenn dieser Theologe nicht sein Amt, seinen Lehrstuhl verlieren und sich nicht anderen Schikanen ausgesetzt sehen will, dann muss er ein Papier der Glaubenskongregation unterschreiben und seine „Reservatio mentalis" machen. Das hat mit Schutz überhaupt nichts zu tun, sondern ist ein Angriff auf die Freiheit in der

Kirche. Ja, es ist eine geradezu Orwellsche Sprachverdrehung, wenn man einen Angriff auf die Freiheit eines Christenmenschen als Schutz seiner Freiheit deklariert: „Wir legen dir Fesseln an, damit wir deine Freiheit schützen können", sagen diejenigen, die selbst natürlich möglichst wenig Fesseln tragen möchten.

Die Antwort hat Dostojewski gegeben: Die große Appellationsinstanz ist Jesus selbst, der zurückkommt und vom Großinquisitor gefragt wird: „Warum kommst du, uns zu stören?" Jesus von Nazareth stört, selbst wenn er schweigt. Er selber hatte die Menschen nie dogmatisch abgefragt: „Was ist Dein Glaubensbekenntnis? Bist du auch orthodox?". Er hat auch niemanden bestraft, der sich nicht an die vorgeschriebene Norm gehalten hat. Im Gegenteil – er hat Andershandelnde in Schutz genommen, diejenigen, die am Sabbat Ähren gepflückt und gegessen haben, er hat sogar die Ehebrecherin in Schutz genommen. Nicht, weil er den Ehebruch billigte, sondern weil es ihm gegen den Strich ging, wie die Rechtdenkenden, die doch sehr wohl wussten, dass sie selbst auch nicht sehr viel besser sind, diese arme Frau abgeurteilt haben. Jesus ist die sehr unbequeme Appellationsinstanz. Und dass er dies ist, hat mit der Wahrheit zu tun. Denn er selber ist „die Wahrheit", insofern er für Gott steht, der die Wahrheit schlechthin ist. Nach dieser Wahrheit sollte man sich in der Kirche, im Christentum richten. Auch wenn es nicht bequem ist. In der Realität ist es dann allerdings oft so, wie ich es während des Konzils erlebt habe: Papst, Kardinäle und Bischöfe denken wenig daran, was Jesus selbst gesagt hätte, wenn er jetzt in dieser Konzilsaula wäre. Vielmehr hat man oft – etwa in Sachen Kirchenverfassung – systemkonforme Beschlüsse gefasst und über die eigentlichen Fragen hinweggeredet.

Da ist mir dann August Hasler wieder in den Sinn gekommen, der das Buch geschrieben hat „Warum der Papst unfehlbar wurde". Der Autor hat einige Zeit in einer vatikanischen Behörde gearbeitet und festgestellt: Wenn sich bei solch einer Sitzung im Vatikan jemand auf Jesus berufen hätte, wäre das irgendwie als befremdend empfunden worden. Man hätte wahrscheinlich gefragt: „Was soll das denn? Wir haben doch das Kirchenrecht und das Dogma. Wir wissen doch, was die Canones wollen. Wir wissen vor allem, was der Papst will." Noch gerade jetzt erklärte der Sekretär der Bischofssynode Kardinal Jan Schotte: „Die Bischöfe sind allein dem Papst verantwortlich, und der Papst ist allein Jesus verantwortlich." So kann man Jesus für die Begründung des päpstlichen Absolutismus instrumentalisieren.

Kirche der Zukunft

Welche Vision von Kirche haben Sie für das neue Jahrtausend?

Ich habe sie oft umschrieben: Nicht eine vergangenheitsverliebte, sondern eine ursprungs- und gegenwartsbezogene Kirche. Nicht eine konfessionalistisch verengte, sondern eine ökumenisch offene Kirche. Nicht eine egozentrische, sondern eine universale Kirche. Nicht eine patriarchale, sondern eine partnerschaftliche Kirche.

Kirche ist für mich ganz nach dem Neuen Testament eine Gemeinschaft glaubender Menschen und nicht ein Apparat, nicht eine Hierarchie und nicht eine Organisation. Kirche kann unter Umständen auch eine kleine Gruppe sein: Wenn sie das macht, was Jesus wollte, ist das Kirche. „Wenn zwei oder drei in meinem Namen versammelt sind, da bin ich mitten unter ihnen", das hat er uns versprochen.

Ich habe bezüglich der Kirche vor Ort, bezüglich der Gemeinde, keine romantischen Vorstellungen. Aber ich bin mir sicher, wenn ich in eine Pfarrei zurückgegangen wäre, dann hätte ich vor allem daran gearbeitet, diese Pfarrei zu öffnen, um sie gastfreundlich zu machen. Es müsste einfach deutlich werden, dass eine Kirche, zum Beispiel in einer Vorstadt, ein lebendiges Zentrum ist, wo lebendigfrohe Gottesdienste stattfinden, wo aber die Gemeinderäume unter Umständen auch anderen Gruppen zur Verfügung gestellt werden. Es muss möglich sein, dass der Pfarrer zum Beispiel auch einer Gruppe von Muslimen die Tür öffnet. Kirche und Gemeinde müssen heute also transparent und einladend sein. Es gibt viele Jugendliche und Erwachsene, die ein Instrument spielen, die würden vielleicht gerne mal in der Kirche spielen. Es gibt viele Menschen, die Organisationsfähigkeiten haben, die gerne einmal etwas für die Pfarrei machen würden. Es gibt gut gebildete Laien, die gerne einmal über ihr besonderes Anliegen eine Predigt hielten.

Ich habe beim Konzil die Rede für Kardinal Suenens „Über die Charismen" entworfen. Das ist etwas, was die paulinischen Gemeinden ausgezeichnet hat: Dass jeder sein Charisma, seine Berufung, seine Gabe hat und diese auch in der Gemeinde einsetzt. Paulus sagt: „Der eine hat diese Gabe, und der andere eine andere." Der eine kann gut leiten, und der andere kann sich gut um Kranke sorgen, und der dritte kann gut trösten. Jeder hat sein Charisma. Im Grunde ist die Kirche eine Gemeinschaft, in der Menschen das Gefühl haben, dass sie dort zu sich selber kommen, dort Mensch sein können. Dass es froh macht, in dieser Gemeinde und Gemeinschaft zu leben. Dass es befreit und man nicht das Gefühl hat, aus dieser Kirche, ihren Gottesdiensten und Veranstaltungen, gehe ich noch schwereren Herzens hinaus als ich hineingekommen bin.

Glaube braucht Gemeinschaft?

Ja, im Prinzip jedenfalls. Natürlich können Sie auch als Robinson auf einer Insel zu Gott beten, wenn Sie als Einziger dem Schiffbruch überlebt haben. Aber in der Regel leben wir mit Menschen zusammen. Jeder Mensch braucht Bestätigung. Jeder Mensch braucht Austausch, braucht Kommunikation und Korrektur. Und der Glaube, alles allein für sich abmachen zu können, hilft nicht. Insofern ist es wirklich ein Jammer, wenn die Kirchen immer leerer werden und die Menschen mit sich allein fertig werden müssen, bzw. sich auf ihre Weise helfen. Sie lesen alles mögliche –

von zweifelhaften Ratgebern für alle möglichen Fragen bis hin zu billigen „Blättchen" und esoterischem Schund, wo nur scheinbar Antworten gegeben werden auf diejenigen „letzten" Fragen, die sie im Inneren haben. Wo diese Menschen einen aufgeschlossenen Pfarrer haben, der ihre wirklichen Lebensfragen in der sonntäglichen Verkündigung behandelt, haben sie sicher weniger das Bedürfnis, sich Antworten auf einem niedrigen, billigen Niveau zu suchen.

Um noch einmal auf Weltethos zu kommen: Kann es eine Ergänzung zu der Religion sein, die ich habe?

Weltethos ist eine Dimension unserer eigenen Religion. Sie sollen sich jedenfalls keine andere Religion suchen, sondern sollen Ihre Religion auf die besonderen ethischen Standards hin durchleuchten, sich ihrer bewusst werden. Sie werden solche Standards in jeder Religion finden und sollen sie gemeinsam mit anderen verwirklichen. Diese Dimension von Religiosität, die das Ethos ist, soll in seinen gemeinsamen elementaren Bestandteilen bewusst werden. Jede Religion umfasst ja erstens Lehren, Doktrinen, Dogmen verschiedenster Art, sie umfasst zweitens Riten, Rituale, Zeremonien und drittens eben Ethos. Und diese dritte ethische Dimension spricht das Weltethos in besonderer Weise an. Das Weltethos will nicht die Riten ersetzen. Das Weltethos will auch nicht die Lehren ersetzen. Es will nur die elementaren ethischen Standards deutlich machen. Man sollte nicht meinen, das Weltethos sei sehr kompliziert. Es geht – wie ich zu betonen nicht müde werde – um das elementare Minimum, das sich in allen Weltreligionen findet. Die türkischen Kinder in einer Schulklasse haben gewiss spezifische türkische Grundwerte, andererseits aber auch Werte und Normen, die letztlich allen Völkern und Religionen gemeinsam sind. Es ist wichtig, dass Kinder in den Schulen, wo unterschiedliche Nationalitäten und Religionszugehörigkeiten zusammenkommen, rechtzeitig lernen, einander zu tolerieren und zu verstehen. Dass sie gewisse Mindestregeln nicht nur des Anstandes, sondern auch der Moral kennen lernen. Wenn solches Zusammenleben nicht gelingt, muss man sich nicht wundern, wenn die Gewalttätigkeit zunimmt. Wenn man nicht weiß, dass „Du sollst nicht töten, du sollst nicht verletzen, weder physisch noch psychisch" usw. allgemein gültige Imperative der Humanität sind, dann kommt es leichter zu Konflikten, zu Hass, zu Gewaltausbrüchen, ja, zu Morden von Kindern an Kindern. Das Gemeinsame muss möglichst früh betont werden – und nicht das Trennende. Das ist ein zentrales Anliegen von Weltethos.

Sonderfall China

Sie haben mehrmals China erwähnt, und Sie selbst sind bereits mehrfach in China gewesen, haben dort Kongresse und Symposien abgehalten. Ist in China nach der Kulturrevolution, nach der Bekämpfung der traditionellen Religion und des traditionellen Konfuzianismus, so etwas wie ein Vakuum vorhanden, also eine Sehnsucht nach einer neuen ethischen Grundausrichtung?

Ich habe schon drei Jahre nach Maos Tod 1979 als erster christlicher Theologe in Peking, in der chinesischen Akademie für Sozialwissenschaften, zur Frage von Religion und Gottesglaube reden dürfen. Und ich komme gerade vom zweiten Symposion über „Weltethos und chinesische Tradition" aus Peking zurück. Ich habe mit den zwanzig besten Professoren in dieser Sache diskutiert und auch an mehreren Universitäten für die Studenten sprechen dürfen. China ist für mich nicht ein Staat wie jeder andere. Das riesige Land umfasst ungefähr ein Viertel der Erdbevölkerung. Die Chinesen sind ein uraltes und zugleich ein junges, dynamisches Volk. China besitzt mit seinen rund 5000 Jahren historisch fassbarer Geschichte die am längsten noch heute bestehende Hochkultur unseres Planeten. Die chinesischen Religionen bilden neben den Religionen nahöstlicher und indischer Herkunft ein drittes eigenständiges und kulturhistorisch gleichwertiges religiöses Stromsystem, das sich schließlich ausdehnte bis nach Korea und Japan, nach Vietnam und Taiwan.

Es ist nicht schwer, heute sowohl Professoren wie Studenten in China die Bedeutung des Weltethos klarzumachen. Sie ergibt sich einerseits aus der weltpolitischen und weltwirtschaftlichen Lage, die sich für China mit dem Eintritt in die WTO, die Welthandelsorganisation, verschärfen wird: Die Globalisierung der Ökonomie, Technologie und Kommunikation erfordert ein globales Ethos. Andererseits ergibt sie sich aus den Sinngehalten, Ordnungs- und Wertvorstellungen der mehr als zweitausendjährigen konfuzianischen Tradition: Zwei Begriffe stehen im Konfuzianismus im Mittelpunkt, auf denen auch die beiden Grundprinzipien des Weltethos fußen: 1. Die Vorstellung von „ren", dem Humanum, dem wahrhaft Menschlichen. Darauf lässt sich die Humanitätsregel begründen: „Jeder Mensch soll menschlich behandelt werden". 2. Der Begriff von „shu", der Reziprozität, der Gegenseitigkeit. Auf ihn gründet die schon bei Konfuzius sich findende Goldene Regel „Was du selbst nicht wünschest, das tue auch nicht anderen" (Gespräche 15,24).

In China besteht eine ähnliche Situation wie in der früheren Sowjetunion. Der stalinistische und auch maoistische Marxismus wollte von Ethos nichts wissen. In diesem System kam es nur darauf an, die Parteiparolen zu befolgen. Man nahm in Kauf, dass die Leute logen und Dinge sagten, an die sie gar nicht glaubten. Man nahm in Kauf, dass sie stahlen, weil sie im Grunde nur so überleben konnten. Dadurch sind in Russland wie in China gewisse ethische Standards abhanden gekommen. Das war einmal anders, als dort der Konfuzianismus noch eine große Bedeutung hatte. Der Konfuzianismus war ein stabiles ethisches System, das gerade auf Menschlichkeit, chinesisch *ren*, sehr großes Gewicht gelegt hat. Die chinesischen Kommunisten hatten zu Konfuzius eine sehr ambivalente Einstellung. Als ich zum ersten Mal in China war und den Namen Konfuzius nannte, waren die chinesischen Gesprächspartner recht verunsichert. Doch trotz aller politischen Wirren – Konfuzius blieb eine Leitfigur in China, die man nicht einfach ausradieren konnte. Aber man hat sie verschieden benützt, man hat zum Beispiel den früheren Außenminister Zhou Enlai als Konfuzianer diffamiert, weil er auftrat wie ein Mandarin, sehr förmlich, und sich nicht wie ein proletarischer Kommunist gab. Man hat am Konfuzianismus zu Recht kritisiert, dass er eine sehr hierarchisch geordnete Gesellschaftsordnung legitimiert und stützt, jene uralte Ordnung, die auf den so genannten fünf Beziehungen aufbaut und natürlich im Laufe der Geschichte patriarchalisch ausgenützt wurde: Vorgesetzter – Untergebener, Vater – Sohn, Ehemann – Ehefrau, älterer – jüngerer Bruder, Freund und Freund. Da ist heute die Gegenseitigkeit, Reziprozität, neu zur Geltung zu bringen. So zeigt sich, dass in dieser Tradition sehr viel Wertvolles liegt. Es gibt ein wunderbares Gedicht eines modernen chinesischen Autors, das davon spricht, dass auch die chinesischen Schriftzeichen viele dieser Werte enthalten. Diese Piktogramme seien so etwas wie die ewigen Sternzeichen am Himmel, die nicht einfach weggewischt werden könnten.

Für die Idee des Weltethos bekam ich deshalb von Chinesen spontan Zustimmung, viel mehr als von anderen. Man kann darüber diskutieren, ob Konfuzianismus nur Moral ist oder auch Religion. Ich bin der entschiedenen Meinung, dass er auch Religion ist, denn „der Wille des Himmels" spielt bei Konfuzius eine ganz große Rolle. Man kann sogar einen Herrscher absetzen, wenn dieser dem Willen des Himmels nicht mehr zuspricht. Das haben mehrere chinesische Kaiser zu spüren bekommen. Dies bildet auch den Hintergrund dieser unbegreiflichen Angst, die die Kommunisten haben, wenn sich neue religiöse Bewegungen ausbreiten wie zum Beispiel Falun-Gong, auch wenn diese Bewegung gar nicht auf den Sturz der Regierung hinarbeitet. Dennoch fürchten die Mächtigen, dass solche Bewegungen die Meinung der Massen beeinflussen können, indem man ihnen das Gefühl gibt, der Kaiser – der rote Kaiser – erfülle nicht mehr den Willen des Himmels. Dann könnte es unter Umständen gefährlich werden.

Es ist in China viel an religiösem Potential vorhanden, und es ist die Frage, wie weit man es wieder lebendig machen kann. Zur Zeit droht allerdings auch im Reich der Mitte der amerikanische Turbokapitalismus, und Städte wie Peking und Shanghai wachsen rasend schnell. Es haben sich zwei neue Klassen gebildet, es besteht ein ungeheurer Unterschied zwischen den städtischen Siedlungen an der Ostküste und den ländlichen Gegenden. Auch dies ist nicht ungefährlich. Es hat schon mehr als eine Bauernrebellion gegeben. Und mancher fühlt sich daran erinnert, dass auch der Maoismus als Bauernrebellion angefangen hat. Wenn Bauern, Religion und Revolution zusammenkommen, kann das rasch einen Steppenbrand entfachen. Insofern ist auch die chinesische Führung durchaus an Moral interessiert. Es kann ja nicht im Interesse des Staates sein, dass die Moral völlig abhanden kommt. Wenn die Moral abhanden kommt, dann zerfällt die Zivilgesellschaft, und dann kann auch die Ökonomie nicht richtig funktionieren. Russland ist dafür das beste Beispiel. Mit dem Ausfall der Zivilgesellschaft und dem moralischen Vakuum konnte sich eine Mafia von Emporkömmlingen der ganzen Wirtschaft bemächtigen. Daher kann man nur hoffen, dass man in China Lösungen findet, um das Ethos des Konfuzianismus wieder zu beleben. In diesem Zusammenhang kann unter Umständen auch Religion wieder eine Rolle spielen.

Auch das Christentum wird derzeit in China nicht behindert, solange es nicht politisch tätig wird. Das muss man anerkennen. Es gibt ein Buch mit allen katholischen Kirchen Chinas. Es hat in China auch Eindruck gemacht, dass sich viele chinesische Christen in der Kulturrevolution nicht gebeugt haben. Da fragten manche: „Woher nehmen sie die Kraft?" Das zeigt, dass das Christentum zumindest bei einer bestimmten Elite durchaus eine Chance haben kann, allerdings nicht im Sinne der alten Mission. Die Mission im traditionellen Sinne ist vorbei. Missionare werden schon an der Grenze abgewiesen. Wenn sich jemand einschleust, wird er verhaftet. In Indien ist das übrigens auch so, man wehrt sich gegen eine Mission, die als eine Form des Kolonialismus und des Imperialismus gilt. Früher bildeten die Missionare zusammen mit den Soldaten, den Geschäftsleuten und den Kolonialbeamten die Säulen der imperialen Ordnung. Eine Mission von außen will man heute nicht haben.

Aber wenn jetzt von innen heraus der Wunsch nach Informationen über das Christentum kommt, wenn eine Gemeinde lebendig ist, wenn dort ein lebendiger Gottesdienst gefeiert wird und die Menschen gerne dabei sind, wenn auch eine soziale Einstellung nach außen ausstrahlt, dann wird das positiv gewertet. In diesem Sinne ist heute in China vieles möglich. Ich denke, dass die Situation in China sich ohnehin verändern wird: Wenn der Eintritt Chinas in die WTO, in die Welthandelsorganisation, stattfindet, wird noch einmal eine neue Öffnung möglich. Und auch die Olympiade in Peking dürfte der Freiheit und den Menschenrechten in China einen positiven Schub geben. Die große Gefährdung heute ist für die Menschen nicht mehr der Kommunismus als Ideologie. Daran glauben selbst die hohen Parteifunktionäre nicht mehr. Die große Gefährdung ist der praktische Materialismus: Dass man nur noch auf das Materielle aus ist, auf Geld, mehr Wohlstand, mehr Luxus.

Warum hat man in China auf der einen Seite Angst vor Bewegungen wie Falun-Gong, und warum fördert man auf der anderen Seite Weltethos? Wo ist der Unterschied?

Erstens habe ich immer offen gelehrt. Zweitens haben wir ja mit dem Weltethos keine Bewegung gegründet. Drittens entfalten wir keine geheime missionarische Tätigkeit im Volk. Wir organisieren keine speziellen Gruppen und unternehmen nichts, was beängstigend sein könnte. Unser Ziel ist es, dass sich unter Professoren, die führend in Philosophie, Religionswissenschaft, Pädagogik usw. tätig sind, das Weltethos etabliert. Uns freut, dass in China über Weltethos publiziert und an den Universitäten diskutiert wird, damit die Idee langsam heruntersickert – und langsam eine Bewusstseinsbildung und eine Bewusstseinsänderung hin zum gemeinsamen Ethos erfolgt. Schon jetzt erkennt man in China, welch große Möglichkeiten im Weltethos stecken. Insofern sind wir politisch kritisch, aber nicht gefährlich und wollen das auch nicht sein.

Sie möchten aber doch, dass es den jungen Menschen nahegebracht wird.

Dies geschieht jetzt an den Universitäten. Solche Entwicklungen brauchen indes Zeit. Und es darf auch nichts in der falschen Weise geschehen. In Singapur hat man unter Ministerpräsident Li Kuan Yu die konfuzianischen Werte propagiert. Das führte zu Spannungen mit der malayischen Bevölkerung, die sich traditionell nicht an chinesischen Kategorien orientiert. Daraufhin hat man sich entschlossen, allgemeinere Werte aufzustellen und diese in den Schulen zu lehren. Daran merkt man schon, dass Werte nicht einfach zu lehren sind. Die Werte-Erziehung in den Schulen ist auch bei uns nicht einfach. Man musste gewisse Erfahrungen sammeln. Zur Zeit ist das Schulwesen in China ohnehin noch nicht so, dass darin das Weltethos einen festen Platz einnehmen könnte. Im chinesischen Schulwesen lässt sich ein Unterricht im Weltethos jedoch durchaus denken. Doch dies muss man den Chinesen selbst überlassen.

China steht schon lange in einem Prozess des Paradigmenwechsels. Allerdings hat die Modernisierung in China erst mit einer gewissen Verzögerung eingesetzt – und zwar um den Ersten Weltkrieg herum. Als sich in Europa die großen Reiche erst entwickelten, das Habsburger Reich, das Osmanische Reich, das Deutsche Kaiserreich, existierte das Chinesische Reich schon seit vielen Jahrhunderten. Doch jetzt war das jahrtausende alte chinesische Kaiserreich zusammengebrochen – ein ungeheurer Vorgang. Die erste Modernisierung im Reich der Mitte fand dann unter einer quasi-bürgerlichen Regierung, unter Sun Yatsen, statt; darauf folgte die revolutionäre Modernisierung mit Mao Zedong. Der forcierten Modernisierung folgte die Kulturrevolution. An ihr haben die Chinesen schließlich gemerkt, was geschieht, wenn Modernisierung überzogen wird. Diese letzte Phase einer überdrehten Modernisierung, die Kulturrevolution, hat China praktisch mehr als zehn Jahre zurückgeworfen.

In unseren Tagen versucht man nun, die Wirtschaft zu modernisieren, aber ohne gleichzeitig die Demokratie einzuführen. Und wenn, dann jedenfalls nur sukzessive. Einige ausländische Beobachter warnen sogar davor, in China allzu schnell demokratische Strukturen einzuführen. Dazu seien in diesem Riesenreich die Verschiedenheiten zu groß. Beobachter sprechen von der Tendenz gerade reicher Provinzen, sich selbständig machen zu wollen. Kriegerische Auseinandersetzungen aber müssen auf jeden Fall vermieden werden. Die Konsequenz: Eine Zentralregierung muss in China stark sein, wenn sie dieses riesige Land mit über einer Milliarde Menschen zusammenhalten will. Dazu kommen die ständigen Probleme durch Naturkatastrophen, wie etwa Überschwemmungen, Erdbeben oder Dürre. China braucht zunächst einmal die Garantie und Realisierung der Menschenrechte. Dass man Menschen einsperrt, wie das immer wieder geschieht, nur weil sie die Wahrheit sagen, darf auf keinen Fall hingenommen werden.

Die ganze Welt befindet sich jedoch in einem neuen Paradigmenwechsel und bewegt sich von der Moderne in eine Nachmoderne hinein. Wir in Europa haben meines Erachtens schon 1918 die typisch modernen Werte in Zweifel gezogen – die Vernunft, den Fortschritt, die Nation. Schon zu dieser Zeit gab es Zweifel, ob die Technik nicht die Natur zerstört. Schon damals wurde die Frage aufgeworfen, ob nicht das Patriarchat ersetzt werden muss durch eine Partnerschaft von Mann und Frau. Zu dieser Zeit gab es bereits erste Ansätze für eine Friedensbewegung. Durch den Nationalsozialismus und den Faschismus hat sich dann jedoch alles verzögert. Nach dem Zweiten Weltkrieg sind diese Bewegungen und Fragen wieder hochgekommen und durchgebrochen: Umweltbewegung, Frauenbewegung, Friedensbewegung. Das Weltethos fasst ihre ethischen Anliegen zusammen. Schließlich hat diese Bewegung dann 1989 durch die große Europäische Revolution weltweite Wirkung bekommen. Plötzlich sind all diese Bewegungen auch anderswo ans Licht getreten. In das große Sowjetreich sind westliche Strömungen hineingeflossen. Die Welt war plötzlich nicht mehr geteilt, und erst jetzt war Globalisierung im strengen Sinn möglich. Unter diesem Aspekt befinden wir uns auf dem Höhepunkt des Paradigmenwechsels in eine nachmoderne Zeit hinein. Allerdings wissen wir noch nicht einmal, wie wir das neue Zeitalter nennen sollen. Einige nennen das neue Zeitalter die „modernisierte Moderne"; das ist unkritisch geredet. Andere sprechen von der „zweiten Moderne"; das ist oberflächlich. Es sind meistens diejenigen, die nicht sehen, dass wir mittlerweile grundsätzlich neue Probleme haben. Beispielsweise stellt sich auch die Frage der Religion neu. Diese kann man nicht einfach mit den Kategorien der Moderne abtun, indem man sie entweder ignoriert oder unterdrückt oder gar verfolgt. Man muss sich diesen Fragen neu stellen, und insofern ist da wirklich ein neues Paradigma im Kommen und ein neues Zeitalter, das wie andere auch erst im Nachhinein einen Namen bekommen wird oder unter Umständen – wie Barock oder Rokoko – einen Übernamen. Ja, unsere Zeit ist interessant, und niemand weiß, wie die Welt morgen aussieht.

Weltethos und Menschenrechte

Gehören Weltethos und Menschenrechte unabdingbar zusammen?

Unbedingt, zum Weltethos gehören die Menschenrechte. Aber auch die Menschenpflichten. Beides gehört dazu. Am Anfang war in Deutschland mancher schockiert, dass überhaupt wieder jemand von Pflichten redet. Ich kann dies ja verstehen, da die Pflichten in der deutschen Tradition sehr missbraucht worden sind. Schon im preußischen Gehorsamsbeamtentum und dann vor allem in der Zeit des Nationalsozialismus durch Partei und Wehrmacht. Die Pflichten sind aber auch von der Kirche sehr missbraucht worden. Eine Mystik des blinden Gehorsams. Ich weiß, wovon ich rede.

Wir haben im Deutschen leider nicht drei Worte für Pflicht wie die Engländer: „Duty" für die gewöhnlichen Pflichten, das Taxi ist „off duty" oder „on duty" (im Dienst oder außer Dienst). Dann gibt es „obligation", das ist schon ein klein wenig mehr, eine Verpflichtung. „You have an obligation …" Und es hat den Begriff „responsibility". „Responsibility" ist die Pflicht, die am meisten verinnerlicht ist. Ich fühle eine „responsibility". Im Deutschen kann man dies mit Verantwortlichkeit bezeichnen. Als ich vom InterActionCouncil ehemaliger Staats- und Regierungschefs gebeten wurde, einen Entwurf zu einer „Erklärung der Menschenpflichten" zu verfassen, habe ich mir lange überlegt, ob man nicht von einer „Erklärung der Verantwortlichkeiten" reden sollte. Aber ich habe das dann wieder verworfen, weil das sprachlich zu ungewohnt ist. Das Wort „Verantwortlichkeit" ist im Plural bisher eher auf administrative Bereiche angewandt worden, für Ressorts in einer Verwaltung, aber nicht auf eigentlich ethische Pflichten. Aber ich glaube, dass man das Wort auf gar keinen Fall aufgeben kann. Tony Blair, den ich nicht umsonst nach Tübingen zur Weltethos-Rede I eingeladen habe, hat schon früh von „rights and responsibilities" gesprochen. Bundeskanzler Gerhard Schröder hat dies in einigen Erklärungen übernommen. Man spricht in letzter Zeit immer wieder darüber: Man hat nicht nur Rechte – das gilt für Arbeiter wie für Arbeitslose – man hat auch Pflichten. Das ist eigentlich eine Selbstverständlichkeit.

Schon bei Kant aber ist nachzulesen, dass es Pflichten gibt, die aus Rechten, und andere, die nicht einfach aus Rechten ableitbar sind: Es gibt legale und schlicht humane Pflichten. Wenn Sie zum Beispiel das Recht auf Pressefreiheit besitzen, dann haben die anderen die Pflicht, diese zu respektieren. Und Sie selber haben wiederum die Pflicht, die Pressefreiheit der anderen zu respektieren. Aber es gibt auch für die Journalisten Pflichten, die nicht einfach aus Rechten stammen. Und eine dieser Grund-Verantwortlichkeiten ist die Verpflichtung zur Wahrhaftigkeit, das ist nicht einfach ein Recht der anderen, sondern eine Pflicht, ein Imperativ der Menschlichkeit für sie selber. Bedenken Sie: Wenn Sie mich jetzt etwas Unbequemes fragen, dann lüge ich Sie unter Umständen an. Sie können dann nicht sagen, ich hätte damit Ihr Recht verletzt. Ich habe Sie halt angelogen. Das ist im Grunde eine Verfehlung gegen mich selber. Ich setze mich zu mir selber in Widerspruch, ich bin mir selber nicht mehr transparent, indem ich Ihnen etwas anderes sage als ich denke. Und insofern geht das eigentlich gegen meine eigene Menschlichkeit. Das liegt an meiner eigenen Person. Das gehört zu meiner eigenen Würde, dass ich transparent sein kann. Ich kann mich ja mir selbst entgegensetzen, was Tiere eben nicht können. Ein Tier kann nicht lügen. Ein Mensch kann lügen. Wahrhaftigkeit ist also eine ethische Pflicht, die ganz und gar ursprünglich in der Würde der menschlichen Person gründet, ebenso wie natürlich auch andere Tugenden, wie Fairness und Menschlichkeit. Es ist nicht einfach ein Recht, sondern eine fundamentale Verantwortlichkeit des Menschen. Wahrhaftigkeit ist ein Imperativ der Menschlichkeit.

Bewegt sich die Idee Weltethos an der Schnittstelle von Politik und religiöser Weltanschauung?

Ethos hat sowohl mit Religion wie mit Politik zu tun. Ich habe mich um Fragen der Politik ganz besonders gekümmert. Seit meinem zehnten Geburtstag, als die deutsche Wehrmacht in Österreich einmarschierte, lese ich täglich die Zeitung. Wir haben in der Schweiz dieses Ereignis als so bedrohlich angesehen, dass ich als Kind deshalb mit dem Zeitunglesen angefangen habe. Immer, wenn ich von der Schule heimkam, habe ich die Zeitung gelesen. Über solches und ähnliches können Sie bald in meiner Autobiographie Genaueres lesen. Politik fasziniert mich bis heute, weil davon für die Menschen so viel abhängt. Zwar hat die Wirtschaft an Bedeutung und Einfluss gewonnen, aber es ist noch immer die Politik, die, wenn sie will, den Ausschlag geben kann und die auch den Primat über die Wirtschaft behalten soll.

Die wissenschaftliche Arbeit – sie ist für mich grundlegend – sollte, wo immer möglich, praktische Folgen haben. Ich wurde immer mehr zu schwierigen und arbeitsaufwendigen Verpflichtungen gedrängt. So hatte ich für den ersten Dialog der Religionen an der UNESCO 1989 das Grundlagenpapier zu schreiben; seine Grundthese „Kein Frieden unter den Nationen ohne Frieden unter den Religionen" hat sich unterdessen breit durchgesetzt. Von Professor Klaus Schwab, dem für ethische Fragen sehr offenen Gründer und Präsidenten des Weltwirtschaftsforums, wurde ich auch schon vor der Wende 1989 aufgefordert, in Davos über gemeinsame ethische Standards für Politik und Wirtschaft zu reden. Beides waren für mich die wesentlichen Vorarbeiten für das Buch „Projekt Weltethos", dessen Thesen auch in der Politik Widerhall fanden; es ist erfreulicherweise in einem Dutzend Sprachen erschienen, darunter arabisch und chinesisch. Die dortigen Thesen habe ich in Bezug auf Weltpolitik und Weltwirtschaft in historischer wie aktueller Perspektive reflektiert und konkretisiert im Buch „Weltethos für Weltwirtschaft und Weltpolitik", das jetzt ebenfalls in einer chinesischen Ausgabe erschienen ist. Sie können sich denken, dass mit all diesen Publikationen, Vorträgen und Reisen sehr viel Mühe und Arbeit verbunden ist.

Sie hatten auch manche Kontakte mit Staatsmännern und Führern der Wirtschaft!

Ja, aber über solches werde ich in meiner Autobiographie berichten. Wichtig für die neuesten Entwicklungen im Zusammenhang von Weltethos ist, knapp gesagt, das Folgende: Schon in den frühen 80er Jahren hatte ich mit dem damaligen Minister für „Islamische Führung" Mohammad Khatami ein langes Gespräch in Teheran. Nachdem dieser einige Zeit aus der Öffentlichkeit verschwunden war, ist er dann glorios – vor allem mit den Stimmen der Frauen und der Jugend – zum Staatspräsidenten Irans gewählt worden und hatte es dort freilich schwer, Demokratie gegen ein absolutistisches klerikales System durchzusetzen. Es war er, der am 21. September 1998 der UN-Vollversammlung den Vorschlag gemacht hat, das Jahr 2001 zum „Jahr des Dialogs der Zivilisationen" zu proklamieren. Nachdem ich selber schon in kleinerem Rahmen im UNO-Hauptquartier drei Vorträge über den Dialog der Religionen, über Rechte und Pflichten und über das Weltethos gehalten hatte, berief mich Generalsekretär Kofi Annan – zusammen mit Altbundespräsident Richard von Weizsäcker die beiden Vertreter deutscher Zunge – in eine „Gruppe hochrangiger Persönlichkeiten", die unterdessen nach Sitzungen in Wien, Dublin und Qatar einen großen Bericht über den „Dialog der Zivilisationen" ausgearbeitet hat, der auf ein neues Paradigma der internationalen Beziehungen hinausläuft. Am 8./9. November 2001 hat unsere 20-köpfige Gruppe ihren Bericht in Buchform dem Generalsekretär und der UN-Vollversammlung präsentiert, das in deutscher Übersetzung als „Brücken in die Zukunft. Ein Manifest zum Dialog der Kulturen" seit Dezember vorliegt. Ich bin hocherfreut, dass damit die Idee des interreligiösen Dialogs und des Weltethos die UNO-Ebene erreicht hat und von dort her in die verschiedenen Nationen ausstrahlen wird. Das war eines der Ziele unserer Stiftung Weltethos, von „oben" gesehen; das andere, von „unten", ist die Arbeit in den Schulen. „Oben" und „unten" treffen sich, da uns von Generalsekretär Kofi Annan erlaubt wurde, unsere Wanderausstellung „Weltreligionen – Weltfrieden – Weltethos" von Dezember 2001 bis Januar 2002 in New York im Hauptgebäude der Vereinten Nationen erstmals in einer amerikanischen Fassung zu zeigen.

Worauf zielt das neue „Paradigma" internationaler Beziehungen, diese neue politische Gesamtkonstellation?

Ich kann Ihnen dies hier nur kurz grundsätzlich skizzieren und mich bezüglich der möglichen Realisierung auf die Erfahrungen der EU und der OECD berufen: statt der neuzeitlichen nationalen Interessen-, Macht- und Prestigepolitik eine Politik regionaler Annäherung, Verständigung und Versöhnung! Dies erfordert im konkreten politischen Handeln statt der früheren Konfrontation, Aggression und Revanche – das unselige Beispiel von Deutschland und Frankreich – wechselseitige Kooperation, Kompromiss und Integration, wofür nun erfreulicherweise Deutschland und Frankreich Paradebeispiele sind. Was in Europa möglich war, muss auch im Nahen Osten oder in Kashmir möglich sein.

Dies hat zutiefst mit dem Ethos zu tun. Denn natürlich setzt eine solche neue politische Gesamtkonstellation eine Mentalitätsveränderung voraus, die weit über die Tagespolitik hinausgeht: Neue Organisationen reichen dafür nicht aus, es braucht eine neue Denkart. Dies meint: Nationale, ethnische, religiöse Verschiedenheit darf nicht mehr grundsätzlich als Bedrohung verstanden werden, sondern als zumindest mögliche Bereicherung. Das alte Paradigma setzte immer einen Feind, gar Erbfeind voraus. Nein, das neue Paradigma braucht keinen Feind mehr, wohl aber Partner, Konkurrenten und oft auch Opponenten. Jedenfalls nicht mehr militärische Konfrontation, wohl aber wirtschaftlichen Wettbewerb. Es hat sich ja gezeigt, dass die nationale Wohlfahrt auf Dauer nicht durch Krieg, sondern nur durch Frieden gefördert wird. Nicht im Gegen- oder Nebeneinander, sondern im Miteinander sind wir stark.

Politik wird im neuen Paradigma nicht unbedingt leichter, sie bleibt die – jetzt freilich gewaltfreie – „Kunst des Möglichen". Wenn sie funktionieren soll, kann sie sich jedenfalls nicht gründen auf einem seichten „postmodernistischen" Beliebigkeitspluralismus. Vielmehr setzt sie den jetzt schon verschiedentlich angesprochenen gesellschaftlichen Konsens voraus bezüglich bestimmter Grundwerte, Grundrechte und Grundpflichten. Eben ein Weltethos: ein gesellschaftlicher Grundkonsens, der von allen gesellschaftlichen Gruppen mitgetragen werden kann und soll, von Glaubenden wie Nichtglaubenden, von den Angehörigen der verschiedenen Religionen, Philosophien oder Ideologien.

Aber um nicht missverstanden zu werden: Ein demokratisches System darf diesen gesellschaftlichen Konsens nicht erzwingen, es muss ihn voraussetzen. Und es ist auch kein gemeinsames ethisches System („Ethik", „ethics") gefordert. Wohl aber ein gemeinsamer Grundbestand an Werten und Maßstäben, Rechten und Pflichten, eben ein gemeinsames Ethos („ethic"): ein Menschheitsethos also. Das Weltethos („global ethic") ist keine neue Ideologie oder „Superstruktur", es will die speziellen Ethiken der verschiedenen Religionen nicht ersetzen, sondern unterstützen. Es bündelt die gemeinsamen religiös-philosophischen Ressourcen der Menschheit, die nicht gesetzlich auferlegt, sondern bewusst gemacht werden sollen.

Ist das Weltethos mehr personen- oder institutionenorientiert?

Um es mit dem St. Galler Politologen Alois Riklin zu sagen: Es ist gleichzeitig personenorientiert, institutionenorientiert und resultatorientiert. Jedenfalls zielt das Weltethos nicht nur auf eine das Individuum möglicherweise entlastende Kollektivverantwortung (als ob an bestimmten Missständen nur „die Verhältnisse", „die Geschichte", „das System" Schuld seien). Es zielt in besonderer Weise auf die individuelle Verantwortung eines jeden Einzelnen an seinem Platz in der Gesellschaft. Und ganz besonders natürlich auf die individuelle Verantwortung der politischen Führer. Die freie Verpflichtung auf ein gemeinsames Ethos schließt selbstverständlich nicht aus, sondern ein, dass sie vom Recht unterstützt wird. Unter Umständen kann sie ja jetzt auch juristisch eingeklagt werden, im Fall von Völkermord, Verbrechen gegen die Menschlichkeit, Kriegsverbrechen und völkerrechtlicher Aggression bald auch vor dem Internationalen Strafgerichtshof in Den Haag. Dann nämlich, wenn ein Vertragsstaat unfähig oder nicht Willens ist, die auf seinem Boden verübten Verbrechen juristisch zu ahnden. Vielleicht, dass nach den Erfahrungen mit bin Laden nun auch die vorher unsensibel-arroganten Vereinigten Staaten und Israel sich entschließen können, den Internationalen Strafgerichtshof zu unterstützen.

Geht es aber nicht auch um die Moral des Systems, um eine Moral, die sozusagen in unsere Institutionen und Systeme eingegangen ist, eine „systemische Moral"?

Durchaus. Jedenfalls nie nur um ein individuelles, sondern zugleich um ein soziales Ethos. Und es ist keine Frage, dass seit Beginn der Neuzeit moralische Antriebskräfte in Naturwissenschaft, Technik, Wirtschaft und Demokratie gewirkt und auch später über deren humanitäre Ausrichtung und Effizienz gewacht haben. Aber ich frage Sie: Was wäre die Moral des Systems ohne die Moral seiner Subjekte? Was wäre die Moral der Institutionen ohne die Moral der Personen?

Was sich alles mit unseren Institutionen anstellen lässt, wenn ihre wichtigsten Funktionsträger gewissenlos sind, hat sich in den vergangenen Jahren zur Genüge gezeigt: Da kann ein amerikanischer Präsident, der sich in ein Gebäude von Lügen und Meineid verirrt hat, seine Regierung an den Rand der Lähmung bringen. Da kann ein deutscher Bundeskanzler, der ohne jegliches Unrechtsbewusstsein mit schwarzen Konten, persönlichen Abhängigkeiten und Ämterpatronage ein persönliches Machtsystem aufgebaut hat, eine große Volkspartei an den Rand des Abgrunds bringen. Da kann ein einziger Börsenspekulant die eigene Großbank in den finanziellen Ruin treiben oder die Welt-Börse in Turbulenzen stürzen. Da können Krebsforscher mit gefälschten Forschungsergebnissen, Herzchirurgen mit überhöhten Rechnungen, Priester oder Pastoren mit Kindesmissbrauch, Journalisten mit gefälschten Interviews etc. jeweils einen ganzen Berufsstand in Misskredit bringen.

Sie sehen: Die Funktionalität der Institutionen hängt ab von der Integrität der Personen. Und deshalb ist es auch für die Institutionen und Systeme wichtig, dass einige unverrückbare Weisungen schon in unseren Familien und Schulen im Gewissen verankert werden, insbesondere die vier unverrückbaren Weisungen, die man in den genannten drei Weltethos-Dokumenten nachlesen kann: Sie zielen auf eine Kultur 1. der Gewaltlosigkeit und der Ehrfurcht vor allem Leben, 2. der Solidarität und eine gerechte Wirtschaftsordnung, 3. der Toleranz und ein Leben in Wahrhaftigkeit, 4. der Gleichberechtigung und der Partnerschaft von Mann und Frau.

Was unterscheidet Sie mit all den genannten ethischen Forderungen vom Papst – wenn wir einmal seine „Unfehlbarkeit" beiseite lassen?

Diesbezüglich wenig. Dies alles kann auch der Papst unterschreiben. Mir missfällt, wie auch vielen Katholiken, nur sein Moralisieren. Ich bin für die Moral, die Wiederentdeckung und Neubewertung des Ethos in Politik und Wirtschaft. Aber ich bin gegen Moralismus, gegen die Überbewertung und Überforderung der Moral. Der Moralismus macht Moral zum alleinigen Maßstab menschlichen Handelns; er ignoriert die relative Eigenständigkeit unterschiedlicher Lebensbereiche wie Naturwissenschaft, Wirtschaft, Recht und Politik. Von daher neigt er dazu, an sich berechtigte Normen und Werte (Frieden, Gerechtigkeit, Umwelt, Leben ...) zu verabsolutieren und sie auch für bestimmte Interessen einer Institution – und das kann eben genauso wie eine Partei auch die Kirche sein – zu instrumentalisieren. Der Moralismus manifestiert sich durch einseitiges penetrantes Insistieren auf bestimmten moralischen Positionen, etwa bezüglich der Sexualität in Fragen wie Empfängnisverhütung und Abtreibung. Und das macht dann einen vernünftigen Dialog mit Menschen anderer Überzeugung höchst schwierig, wie sich das in den gegenwärtigen Auseinandersetzungen um den Schutz des menschlichen Lebens und um die Sterbehilfe zeigt. Kirche sollte nicht polarisieren, sondern vernünftige vermittelnde Lösungen anbieten.

Ist Weltethos also eher eine humanistische Idee?

Es ist eine durchaus humane Idee. Christen sind nicht weniger Humanisten als die Humanisten. Das Menschsein steht im Zentrum. Für mich bedeutet „Christsein", wie im Buch von 1974 breit ausgeführt, wahrhaft Mensch zu sein. Ich habe als Christ aber mehr Anregungen, ich habe ein einzigartiges Vorbild, das mir hilft, im radikalen Sinn Mensch zu sein. Dies habe ich vielfältig begründet. Ich gebe immer zu bedenken: Der Sabbat ist für den Menschen da, nicht der Mensch für den Sabbat. Ein Wort Jesu, das sich verallgemeinern lässt: Die Riten und Gesetze sind nur für den Menschen da, und nicht der Mensch für die Gesetze und Riten. Das Humanum ist eine zentrale Idee, ein zentraler Wert gerade für das Christentum. Und als Christ kann ich das noch ganz anders, tiefer begründen. Das Humanum wird viel zu seicht verstanden, wenn ich darunter nur gelten lasse, was wahr, gut und schön ist. Denn die existentiellen Schwierigkeiten fangen da an, wo der Mensch mit dem Unwahren, Unschönen, Unguten, ja, Unmenschlichen konfrontiert ist. Dann stellt sich die Frage, wie er mit dem Negativen im eigenen Leben und in der Gesellschaft fertig wird. Was macht der Mensch, wenn er unter Umständen in seinem eigenen Menschsein angegriffen wird? Was mache ich mit einer Schuld, wenn ich bekennen muss, „ja, da bin ich nun wirklich selbst schuld". Oder wenn ich völlig verzweifelt bin, weil mein Lebensideal zusammengebrochen ist, weil ich keinen Partner oder keine

Partnerin mehr habe, weil ich einsam bin? In solchen Lebenssituationen kann christlicher Glaube in eine Tiefe des Humanum vorstoßen, die ein säkularer Humanismus kaum erreicht. Natürlich kann man in Grenzsituationen wie Albert Camus sagen: „Na ja, das muss man ertragen wie Sisyphus, der immer wieder einen Stein den Berg hochrollt und der dann, wenn er wieder runterrollt, triumphierend hinuntergeht und von vorne beginnt." Das ist eine heroische, existenzialistische Haltung, die nicht jedem zugemutet werden kann. Dass man unter bestimmten Umständen nur noch schreien kann, wie auch Jesus am Kreuz geschrieen hat, das ist vielleicht noch ertragbar unter der Voraussetzung, dass es heißt „Gott, mein Gott!" Wenn ich weiß, ich werde trotz allem von Gott gehalten, so ist das ein anderes Schreien, als wenn ich nur schreie „warum bin ich verlassen?"

Der christliche Glaube an den Gekreuzigten und Auferweckten erreicht eine ganz andere Tiefe als das Weltethos. Im Blick auf Ihn vermag ich nicht nur zu handeln, sondern auch zu leiden, nicht nur zu leben, sondern auch zu sterben. Das Weltethos aber will nicht den Sinn des Lebens und Sterbens beantworten oder die Schuldfrage lösen. Die Urfragen des Menschen zu beantworten, ist Sache der Religionen. Der Buddhismus zum Beispiel sagt mit einem gewissen Recht, das Leben ist Leiden, alles ist Leiden, die Geburt, das Werden, das Sterben. Damit meint ein Buddhist nicht, dass es keine Freude gibt im Leben. Aber die Aussage verweist darauf, was auch jeder Christ weiß: Nichts ist stabil, alles verändert sich, es gibt glückliche Momente, die zu rasch vorbei sind. Und mit dem Leiden fertig zu werden, ist eine Aufgabe, die jedem Menschen gestellt ist.

Das Weltethos begegnet dem Leid der Menschen in anderer Weise, ganz elementar praktisch. Es handelt etwa vom Leid der Frauen, der missbrauchten Frauen, der Prostituierten, vom Leid der missbrauchten Kinder, von den sozial Ausgebeuteten und politisch Unterdrückten. Gegen das konkrete Leid der Menschen kämpft das Weltethos an, und zwar mit den ethischen Imperativen „Du sollst und du sollst nicht!" Ich bin ein Realist und weiß natürlich: Es hängt von den Menschen ab, und vor allem von denen in verantwortlichen Stellungen, wie weit die genannten ethischen Prinzipien in die Tat umgesetzt werden. Doch mehr denn je bin ich in dieser Wendezeit überzeugt: Ohne ethischen Willen, ohne sittliche Schwungkraft, ohne moralische Energie lassen sich die großen Probleme des 21. Jahrhunderts nicht bewältigen, ja, nicht einmal richtig anpacken. Sowohl im Bereich der Politik wie im Bereich der Wirtschaft bedürfen wir neuer Strukturen, bedürfen wir aber auch integrer Persönlichkeiten und eines neuen Sinns für Verantwortung. Nur so kann jene Politik aus Verantwortung betrieben werden, welche die immer wieder neu zu findende prekäre Balance zwischen Idealen und Realitäten zu verwirklichen sucht. Nur so ist auch eine Wirtschaft aus Verantwortung denkbar, welche ökonomische Strategien mit ethischen Überzeugungen zu verbinden weiß. Aber fragen Sie mich nicht weiter: Darüber habe ich ein ganzes Buch geschrieben.

Ist das Weltethos auch für Agnostiker und Atheisten geeignet, etwa in den neuen Bundesländern?

Durchaus, denn auch sie können ein Grundvertrauen und eine Grundmoral haben. Christlicher Glaube freilich ist ein radikalisiertes Grundvertrauen, insofern ich mich nicht nur auf die Wirklichkeit einlasse, sondern auf den Urgrund, Urhalt und das Urziel aller Wirklichkeit. Gottesglaube ist mehr als nur Grund- oder Wirklichkeitsvertrauen. In diesem Sinne ist auch Christenethos mehr als nur Weltethos. Denn der Christ hat eine Verpflichtung von dieser Urautorität her: Gott selber als die letzte und erste Wirklichkeit, die mich in eine unbedingte Verantwortung stellt. Was ich nicht einfach ersetzen kann durch irgendeine Autorität des Staates oder der Kirche, die immer menschliche Autoritäten sind.

Doch stehen Grundvertrauen und christlicher Glaube, Grundmoral und christliche Moral, Weltethos und Christenethos in einem Zusammenhang. Immer ist das zweite die Vertiefung und Radikalisierung des ersten. Wer das erste hat, muss nicht unbedingt das zweite haben. Ich meine: Wer Weltethos, wer ein Grundvertrauen und ein Grundethos besitzt, braucht nicht unbedingt Gottgläubiger und Christ zu sein. Ich bin froh, dass ich Christ bin und dieses Fundament habe. Ich weiß, warum ich in einer bestimmten Situation unbedingt so handeln muss und nicht nur bedingt. Nicht nur hypothetisch wie Kant formuliert, sondern kategorisch, in jedem Fall. Aber wenn ich auch froh bin, dass ich diese Basis und diese Verpflichtung habe, kann ich dies nicht jedem predigen, gar auferlegen. Ich muss zur Kenntnis nehmen, dass es Leute gibt, die sagen: „Ich glaube nicht an Gott, aber ich versuche, als anständiger Mensch durchs Leben zu kommen." Das akzeptiere ich. Insofern gibt das Weltethos die Möglichkeit, allen Menschen gerecht zu werden, auch Atheisten und Agnostikern. Gegen das Weltethos ist im Grunde nur der Nihilist, der sagt: „Mir ist alles egal. Ich brauche keine Moral, das ganze Leben ist so, wie es ist. Ich richte mich nur nach mir." Totale Egoisten, die meinen, sie könnten alle anderen ausnutzen, sie nur für ihre Zwecke gebrauchen. Solch eine Einstellung lässt sich als praktischer Nihilismus bezeichnen – freilich weniger heroisch und erheblich banaler, als ihn Nietzsche skizziert hat. Dies ist der eigentliche Gegensatz zu Ethos: Die unethische Welt, der Mensch jenseits von Gut und Böse, die Unmoralität. Die gibt es natürlich auch. Inwieweit ein solcher Mensch auf Dauer erfolgreich ist, ist eine andere Frage. Kurzfristig ist vieles erfolgreich. Aber langfristig ist sogar ein gewissenloser Playboy langweilig und wirkt nur komisch. Das Ethos aber hilft zum aufrechten Gang, gibt klare Maßstäbe, ist Wegweiser, auch wenn ich jeweils selber entscheiden muss, in welche Richtung ich letztlich gehe. Ethos ist nicht alles im Menschenleben, aber eine ganz entscheidende Dimension.

Ist es ein Zufall, dass die Idee Weltethos von dem katholischen Theologen Hans Küng ausgegangen ist?

Ich glaube schon, dass es etwas mit meiner Katholizität zu tun hat, wenn auch Katholizität keine Voraussetzung des Weltethos ist. Wir Katholiken sind von Haus aus auf weltweite Universalität ausgerichtet und nicht auf eine Landeskirche. Aber der Weltethos-Gedanke ist natürlich nicht konfessionell, und es wäre eine völlige Verkennung der Idee, wenn man sie zu einer konfessionellen Angelegenheit machen würde. Glücklicherweise hat sich neuerdings auch der Papst programmatisch für ein Weltethos ausgesprochen. Aber auch der Moderator des Weltrates der Kirche, Erzbischof Aram Keshishian, Katholikos des Heiligen Stuhls von Kilikien, der armenisch-apostolischen Kirche, hat auf der ÖRK-Vollversammlung 1998 in Harare ganz erfreulich deutliche Worte zum Weltethos gesprochen.

Konfessionalistisch darf man das alles nicht verstehen. Jede Konfession hat ihre eigenen Probleme. Die römisch-katholische Kirche wollte so universal sein, dass alle, die in den Himmel wollten, zu ihr gehören mussten: Außerhalb der Kirche kein Heil! Die protestantischen Kirchen waren wiederum so exklusiv, dass eine forcierte Christozentrik sie daran gehindert hat, die Wahrheit bei den anderen Religionen zu erkennen. Selbst Karl Barth hatte mit den Lichtern in anderen Religionen erhebliche Probleme, bis er sich dann in hohem Alter doch dazu bekehrt hat, solche Lichter außerhalb des einen Lichtes Jesus Christus wenigstens als „Rücklichter" anzuerkennen. Für den Konflikt zwischen der natürlichen Theologie der Katholiken und der dialektischen Theologie der Evangelischen habe ich schon lange eine grundsätzliche Lösung vorgeschlagen, die aber leider bei den Theologen beider Kirchen wenig Beachtung gefunden hat.

Ist an die Stelle der Universalität der katholischen Kirche die Globalisierung getreten?

Wir haben unsere Kirche stets als universal bezeichnet, nicht nur im lokalen Sinn, auch im werthaften Sinn. Man wollte ja damit auch eine Universalität der Werte behaupten. Im römischen System ist daraus dann Uniformität geworden. „Katholisch" kommt ja von „katholon", heißt also das Ganze betreffend und meint im Zusammenhang mit Kirche eine Gemeinschaft, die das Ganze umschließt. Globalisierung ist dagegen zunächst einmal ein technischer Begriff, der in der Ökonomie, Technologie und Kommunikation vor allem technische Vorgänge bezeichnet, die höchst ambivalente Folgen haben. Eine universale Kirche zielt auf eine Gemeinschaft der Christusgläubigen, die, über die ganze Erde verteilt, doch über vielfältige Formen der Kommunikation in Verbindung miteinander steht. Die Globalisierung tendiert zunächst nur zu einer technischen Zivilisation, die eine Weltzivilisation sein soll, die aber als solche weder eine Gemeinschaft bildet noch eine Seele hat. Und gerade deswegen ist es wichtig, dass Globalisierung durch ethische Standards geleitet, kontrolliert und gebändigt wird.

Weltethos ist als Idee stark mit Ihrem Namen verbunden. Welche Zukunft geben Sie persönlich dieser Idee?

Weil die Idee des Roten Kreuzes etwas getaugt hat, hat sie sich auch durchgesetzt, obwohl Henri Dunant eine Zeit lang von den Menschen völlig vergessen war, weil er in

Genf bankrott gemacht hat und die Genfer ihm das nie verziehen haben. Wenn ich mich richtig erinnere, stand er erst wieder im Rampenlicht der Öffentlichkeit, als er den Nobelpreis bekommen sollte. Eine Idee ist nicht einfach von einem Menschen abhängig, wenn sie gut ist. Ich meine, dass die Idee Weltethos sehr gut ist, dass sie schon sehr viele Wurzeln gefasst hat, dass sie aber in keiner Weise mehr von meiner Person abhängig ist. Weltethos – das war von Anfang an ein Projekt von vielen Menschen, die am Parlament der Weltreligionen teilgenommen haben. Religionsvertreter, Staatsmänner, Wissenschaftler usw. haben sie aufgenommen. Ich bin fest überzeugt, dass es weitergeht. Und unsere kleine Stiftung Weltethos versammelt gute Leute und hat eine Zukunft, wenn sie weiterhin tatkräftig unterstützt wird. Für mich persönlich ist das überhaupt keine entscheidende Frage. Wenn ich von vornherein auf Erfolg aus gewesen wäre, hätte ich vieles nicht machen dürfen. Es gab in meinem Theologenleben einfach manches, wo ich mir sagen musste: „Das muss jetzt mal gesagt werden. Das muss jetzt mal getan werden. Und dann wird man ja sehen." Ich bin nicht verantwortlich für die Welt. Ich bin auch nicht verantwortlich für das Weltethos. Ich möchte aber etwas dazu beitragen und habe einiges getan, damit diese Idee bekannt und bewusst wird. Aber was dabei herauskommt, ist in andere Hände gelegt. Als Christenmensch darf ich ja ohnehin davon ausgehen, dass von mir nicht erwartet wird, dass ich sozusagen mit dem Weltethos in den Händen zum lieben Gott komme und sage: „Sieh mal, das ist jetzt Wirklichkeit geworden." Sondern da darf ich, wie jeder Mensch, mit leeren Händen kommen, soll ich sogar mit leeren Händen kommen, und nur darum bitten, dass Er mir armem Sünder gnädig sei.

Literatur

Hans Küng, Projekt Weltethos, München 1990.

Hans Küng – Karl-Josef Kuschel (Hg.), Erklärung zum Weltethos. Die Deklaration des Parlamentes der Weltreligionen, München 1993.

Hans Küng, Weltethos für Weltpolitik und Weltwirtschaft, München 1997.

Helmut Schmidt (Hg.), Allgemeine Erklärung der Menschenpflichten. Ein Vorschlag, München 1998.

Hans Küng – Karl-Josef Kuschel (Hg.), Wissenschaft und Weltethos, München 1998.

Hans Küng, Spurensuche. Die Weltreligionen auf dem Weg, München 1999.

Hans Küng (Hg.), Globale Unternehmen und globales Ethos. Der globale Markt erfordert neue Standards und eine globale Rahmenordnung, Frankfurt 2001.

Richard von Weizsäcker, Hans Küng u. a., Brücken in die Zukunft. Ein Manifest für den Dialog der Kulturen. Eine Initiative von Kofi Annan, Frankfurt 2001.

Hans Küng (Hg.), Dokumentation zum Weltethos, München 2002.

Hans Küng, Kleine Geschichte der katholischen Kirche, Berlin 2002.

Informationen über die Arbeit der Stiftung Weltethos finden sich auf der Homepage: http://www.weltethos.org

Erklärung zum Weltethos
Parlament der Weltreligionen
4. September 1993 Chicago, USA

Die Prinzipien eines Weltethos

Unsere Welt geht durch eine *fundamentale Krise:* eine Krise der Weltwirtschaft, der Weltökologie, der Weltpolitik. Überall beklagt man die Abwesenheit einer großen Vision, den erschreckenden Stau ungelöster Probleme, die politische Lähmung, nur mittelmäßige politische Führung ohne viel Einsicht und Voraussicht und allgemein zu wenig Sinn für das Gemeinwohl. Zu viele alte Antworten auf neue Herausforderungen.

Hunderte Millionen von Menschen auf unserem Planeten leiden zunehmend unter Arbeitslosigkeit, Armut, Hunger und Zerstörung der Familien. Die Hoffnung auf dauerhaften Frieden unter den Völkern schwindet wieder. Spannungen zwischen den Geschlechtern und Generationen haben ein beängstigendes Ausmaß erreicht. Kinder sterben, töten und werden getötet. Immer mehr Staaten werden durch Korruptionsaffären in Politik und Wirtschaft erschüttert. Das friedliche Zusammenleben in unseren Städten wird immer schwieriger durch soziale, rassische und ethnische Konflikte, durch Drogenmissbrauch, organisiertes Verbrechen, ja Anarchie. Selbst Nachbarn leben oft in Angst. Unser Planet wird nach wie vor rücksichtslos ausgeplündert. Ein Zusammenbruch der Ökosysteme droht.

Immer wieder neu beobachten wir, wie an nicht wenigen Orten dieser Welt Führer und Anhänger von *Religionen*

Aggression, Fanatismus, Hass und Fremdenfeindlichkeit schüren, ja sogar gewaltsame und blutige Auseinandersetzungen inspirieren und legitimieren. Religion wird oft für rein machtpolitische Zwecke bis hin zum Krieg missbraucht. Das erfüllt uns mit Abscheu.

Wir verurteilen all diese Entwicklungen und erklären, dass dies nicht sein muss. Es existiert bereits ein *Ethos,* das diesen verhängnisvollen globalen Entwicklungen entgegenzusteuern vermag. Dieses Ethos bietet zwar keine direkten Lösungen für all die immensen Weltprobleme, wohl aber die moralische Grundlage für eine bessere individuelle und globale Ordnung: eine *Vision,* welche Frauen und Männer von der Verzweiflung und der Gewaltbereitschaft und die Gesellschaften weg vom Chaos zu führen vermag.

Wir sind Männer und Frauen, welche sich zu den Geboten und Praktiken der Religionen der Welt bekennen. Wir bekräftigen, dass es bereits einen Konsens unter den Religionen gibt, der die Grundlage für ein Weltethos bilden kann: einen minimalen *Grundkonsens* bezüglich verbindender *Werte,* unverrückbarer *Maßstäbe* und moralischer *Grundhaltungen.*

I. Keine neue Weltordnung ohne ein Weltethos

Wir, Männer und Frauen aus verschiedenen Religionen und Regionen dieser Erde, wenden uns deshalb an alle Menschen, religiöse und nichtreligiöse. Wir wollen unserer gemeinsamen Überzeugung Ausdruck verleihen:

- Wir *alle* haben eine *Verantwortung für eine bessere Weltordnung.*
- Unser Einsatz für die Menschenrechte, für Freiheit, Gerechtigkeit, Frieden und die Bewahrung der Erde ist unbedingt geboten.
- Unsere sehr verschiedenen religiösen und kulturellen Traditionen dürfen uns nicht hindern, uns gemeinsam

aktiv einzusetzen gegen alle Formen der Unmenschlichkeit und für mehr Menschlichkeit.

- Die in dieser Erklärung ausgesprochenen Prinzipien können von allen Menschen mit ethischen Überzeugungen, religiös begründet oder nicht, mitgetragen werden.

- Wir aber *als religiöse und spirituell orientierte Menschen,* die ihr Leben auf eine Letzte Wirklichkeit gründen und aus ihr in Vertrauen, in Gebet oder Meditation, in Wort oder Schweigen spirituelle Kraft und Hoffnung schöpfen, haben eine ganz besondere Verpflichtung für das Wohl der gesamten Menschheit und die Sorge um den Planeten Erde. Wir halten uns nicht für besser als andere Menschen, aber wir vertrauen darauf, dass uns die uralte Weisheit unserer Religionen Wege auch für die Zukunft zu weisen vermag.

Nach zwei Weltkriegen und dem Ende des Kalten Krieges, nach dem Zusammenbruch von Faschismus und Nazismus und der Erschütterung von Kommunismus und Kolonialismus ist die Menschheit in eine neue Phase ihrer Geschichte eingetreten.

Die Menschheit besäße heute genügend ökonomische, kulturelle und geistige Ressourcen, um eine bessere Weltordnung heraufzuführen. Doch alte und neue *ethnische, nationale, soziale, wirtschaftliche und religiöse Spannungen* bedrohen den friedlichen Aufbau einer besseren Welt. Unsere Zeit erlebte zwar größere wissenschaftliche und technische Fortschritte denn je. Und doch stehen wir vor der Tatsache, dass weltweit Armut, Hunger, Kindersterben, Arbeitslosigkeit, Verelendung und Naturzerstörung nicht geringer geworden sind, ja zugenommen haben. Vielen Völkern droht der wirtschaftliche Ruin, die soziale Demontage, die politische Marginalisierung, die ökologische Katastrophe, der nationale Zusammenbruch.

In einer solch dramatischen Weltlage braucht die Menschheit nicht nur politische Programme und Aktionen.

Sie bedarf einer *Vision des friedlichen Zusammenlebens* der Völker, der ethnischen und ethischen Gruppierungen und der Religionen in gemeinsamer Verantwortung für unseren Planeten Erde. Eine Vision beruht auf Hoffnungen, auf Zielen, Idealen, Maßstäben. Diese aber sind vielen Menschen überall auf der Welt abhanden gekommen. Und doch sind wir davon überzeugt: Gerade die Religionen tragen trotz ihres Missbrauchs und häufigen historischen Versagens die Verantwortung dafür, dass solche Hoffnungen, Ziele, Ideale und Maßstäbe wachgehalten, begründet und gelebt werden können. Das gilt insbesondere für moderne Staatswesen: Garantien für Gewissens- und Religionsfreiheit sind notwendig, aber sie ersetzen nicht verbindende Werte, Überzeugungen und Normen, die für alle Menschen gelten, gleich welcher sozialen Herkunft, welchen Geschlechts, welcher Hautfarbe, Sprache oder Religion.

Wir sind überzeugt von der fundamentalen Einheit der menschlichen Familie auf unserem Planeten Erde. Wir rufen deshalb die Allgemeine Menschenrechtserklärung der Vereinten Nationen von 1948 in Erinnerung. Was sie auf der Ebene des *Rechts* feierlich proklamierte, das wollen wir hier vom *Ethos* her bestätigen und vertiefen: die volle Realisierung der Unverfügbarkeit der menschlichen Person, der unveräußerlichen Freiheit, der prinzipiellen Gleichheit aller Menschen und der notwendigen Solidarität und gegenseitigen Abhängigkeit aller Menschen voneinander.

Aufgrund von persönlichen Lebenserfahrungen und der notvollen Geschichte unseres Planeten haben wir gelernt,

* dass mit Gesetzen, Verordnungen und Konventionen allein eine bessere Weltordnung nicht geschaffen oder gar erzwungen werden kann;
* dass die Verwirklichung von Frieden, Gerechtigkeit und Bewahrung der Erde abhängt von der Einsicht und Bereitschaft der Menschen, dem Recht Geltung zu verschaffen;

- dass der Einsatz für Recht und Freiheit ein Bewusstsein für Verantwortung und Pflichten voraussetzt und deshalb Kopf und Herz der Menschen angesprochen werden müssen;
- dass das Recht ohne Sittlichkeit auf Dauer keinen Bestand hat und dass es deshalb *keine neue Weltordnung geben wird ohne ein Weltethos.*

Mit *Weltethos* meinen wir keine neue Weltideologie, auch *keine einheitliche Weltreligion* jenseits aller bestehenden Religionen, erst recht nicht die Herrschaft einer Religion über alle anderen. Mit Weltethos meinen wir einen *Grundkonsens bezüglich bestehender verbindender Werte, unverrückbarer Maßstäbe und persönlicher Grundhaltungen.* Ohne einen Grundkonsens im Ethos droht jeder Gemeinschaft früher oder später das Chaos oder eine Diktatur, und einzelne Menschen werden verzweifeln.

II. Grundforderung: Jeder Mensch muss menschlich behandelt werden

Wir sind allesamt fehlbare, unvollkommene Menschen mit Grenzen und Mängeln. Wir wissen um die Wirklichkeit des Bösen. Gerade deshalb aber fühlen wir uns um des Wohles der Menschheit willen verpflichtet, das auszusprechen, was Grundelemente eines gemeinsamen Ethos für die Menschheit sein sollten – für die Einzelnen ebenso wie für die Gemeinschaften und Organisationen, für die Staaten ebenso wie für die Religionen selbst. Denn wir vertrauen darauf: Unsere oft schon jahrtausende alte religiösen und ethischen Traditionen enthalten genügend Elemente eines *Ethos,* die *für alle Menschen guten Willens,* religiöse und nicht religiöse, einsichtig und lebbar sind.

Dabei ist uns bewusst: Unsere verschiedenen religiösen und ethischen Traditionen begründen in oft sehr verschiedener Weise, was dem Menschen nützt oder schadet, was recht oder was unrecht, was gut oder was böse ist. Die tiefgreifenden Unterschiede zwischen den einzelnen Religionen wollen wir nicht verwischen oder ignorieren. Aber sie sollen uns nicht hindern, öffentlich zu proklamieren, *was uns bereits jetzt gemeinsam ist* und wozu wir uns aufgrund unserer je eigenen religiösen oder ethischen Grundlagen schon jetzt gemeinsam verpflichtet fühlen.

Uns ist bewusst: Religionen können die ökologischen, wirtschaftlichen, politischen und sozialen Probleme dieser Erde nicht lösen. Wohl aber können sie das erreichen, was allein mit ökonomischen Plänen, politischen Programmen oder juristischen Regelungen offensichtlich nicht erreichbar ist: die innere Einstellung, die ganze Mentalität, eben das *„Herz" des Menschen zu verändern* und ihn zu einer „Umkehr" von einem falschen Weg zu einer neuen Lebenseinstellung zu bewegen. Die Menschheit bedarf der sozialen und ökologischen Reformen, gewiss, aber nicht weniger bedarf sie der *spirituellen Erneuerung*. Wir als religiös oder spirituell orientierte Menschen wollen uns besonders dazu verpflichten – im Bewusstsein, dass es gerade die spirituellen Kräfte der Religionen sein können, die Menschen für ihr Leben ein Grundvertrauen, einen Sinnhorizont, letzte Maßstäbe und eine geistige Heimat vermitteln. Dies freilich können Religionen nur dann glaubwürdig tun, wenn sie selbst jene Konflikte beseitigen, deren Quelle sie selber sind, wenn sie wechselseitig Überheblichkeit, Misstrauen, Vorurteile, ja Feindbilder abbauen und den Traditionen, Heiligtümern, Festen und Riten des jeweils Andersgläubigen Respekt entgegenbringen.

Wir alle wissen: Nach wie vor werden überall auf der Welt *Menschen unmenschlich behandelt*. Sie werden ihrer Lebenschancen und ihrer Freiheit beraubt, ihre Menschenrechte werden mit Füßen getreten, ihre menschliche Würde wird missachtet. Aber Macht ist nicht gleich Recht! Angesichts aller Unmenschlichkeit fordern unsere religiösen und ethischen Überzeugungen: *Jeder Mensch muss menschlich behandelt werden!*

Das heißt: Jeder Mensch – ohne Unterschied von Alter, Geschlecht, Rasse, Hautfarbe, körperlicher oder geistiger Fähigkeit, Sprache, Religion, politischer Anschauung, nationaler oder sozialer Herkunft – besitzt eine unveräußerliche und *unantastbare Würde*. Alle, der Einzelne wie der Staat, sind deshalb verpflichtet, diese Würde zu achten und ihren wirksamen Schutz zu garantieren. Auch in Wirtschaft, Politik und Medien, in Forschungsinstituten und Industrieunternehmen soll der Mensch immer Rechtssubjekt und Ziel sein, nie bloßes Mittel, nie Objekt der Kommerzialisierung und der Industrialisierung. Niemand steht „jenseits von Gut und Böse": kein Mensch und keine soziale Schicht, keine einflussreiche Interessengruppe und kein Machtkartell, kein Polizeiapparat, keine Armee und kein Staat. Im Gegenteil: Als ein mit Vernunft und Gewissen ausgestattetes Wesen ist jeder Mensch dazu verpflichtet, sich wahrhaft menschlich und nicht unmenschlich zu verhalten, *Gutes zu tun und Böses zu lassen!*

Was dies konkret heißt, will unsere Erklärung verdeutlichen. Wir wollen im Blick auf eine neue Weltordnung unverrückbare, unbedingte ethische Normen in Erinnerung rufen. Sie sollen für den Menschen nicht Fesseln und Ketten sein, sondern Hilfen und Stützen, um Lebensrichtung und Lebenswerte, Lebenshaltungen und Lebenssinn immer wieder neu zu finden und zu verwirklichen.

Es gibt ein Prinzip, die Goldene Regel, die seit Jahrtausenden in vielen religiösen und ethischen Traditionen der Menschheit zu finden ist und sich bewährt hat: *Was du nicht willst, das man dir tut, das füg auch keinem anderen zu.* Oder positiv: *Was du willst, das man dir tut, das tue auch den anderen!* Dies sollte die unverrückbare, unbedingte Norm für alle Lebensbereiche sein, für Familie und Gemeinschaften, für Rassen, Nationen und Religionen.

Egoismen jeder Art – jede Sehnsucht, sie sei individuell oder kollektiv, sie trete auf in Form von Klassendenken, Rassismus, Nationalismus oder Sexismus – sind verwerflich. Wir verurteilen sie, weil sie den Menschen daran hindern, wahrhaft Mensch zu sein. Selbstbestimmung und Selbstverwirklichung sind durchaus legitim – solange sie nicht von der Selbstverantwortung und Weltverantwortung des Menschen, von der Verantwortung für die Mitmenschen und den Planeten Erde losgelöst sind.

Dieses Prinzip schließt ganz konkrete Maßstäbe ein, an die wir Menschen uns halten sollen. Aus ihm ergeben sich *vier umfassende uralte Richtlinien,* die sich in den meisten Religionen dieser Welt finden.

III. Vier unverrückbare Weisungen

1. Verpflichtung auf eine Kultur der Gewaltlosigkeit und der Ehrfurcht vor allem Leben

Ungezählte Menschen bemühen sich in allen Regionen und Religionen um ein Leben, das nicht von Egoismus bestimmt ist, sondern vom Einsatz für die Mitmenschen und die Mitwelt. Und doch gibt es in der Welt von heute unendlich viel Hass, Neid, Eifersucht und Gewalt: nicht nur zwischen den einzelnen Menschen, sondern auch zwischen sozialen und ethnischen Gruppen, zwischen Klassen und Rassen, Nationen und Religionen. Gewaltanwendung, der Drogenhandel und das organisierte Verbrechen, ausgestattet oft mit neuesten technischen Möglichkeiten, haben globale Ausmaße erreicht. Vielerorts wird noch mit Terror „von oben" regiert; Diktatoren vergewaltigen ihre eigenen Völker, und institutionelle Gewalt ist weit verbreitet. Selbst in manchen Ländern, wo es Gesetze zum Schutz individueller Freiheiten gibt, werden Gefangene gefoltert, Menschen verstümmelt, Geiseln getötet.

A. Aus den großen alten religiösen und ethischen Tradition der Menschheit aber vernehmen wir die Weisung: *Du sollst nicht töten!* Oder positiv: *Hab Ehrfurcht vor dem Leben!* Besinnen wir uns also neu auf die Konsequenzen dieser uralten Weisung: Jeder Mensch hat das Recht auf Leben, körperliche Unversehrtheit und freie Entfaltung der Persönlichkeit, soweit er nicht die Rechte anderer verletzt. Kein Mensch hat das Recht, einen anderen Menschen physisch oder psychisch zu quälen, zu verletzen, gar zu töten. Und kein Volk, kein Staat, keine Rasse, keine Religion hat das Recht, eine andersartige oder andersgläubige Minderheit zu diskriminieren, zu „säubern", zu exilieren, gar zu liquidieren.

B. Gewiss, wo es Menschen gibt, wird es Konflikte geben. Solche Konflikte aber sollten grundsätzlich ohne Gewalt im Rahmen einer Rechtsordnung gelöst werden. Das gilt für den Einzelnen wie für die Staaten. Gerade die politischen Machthaber sind aufgefordert, sich an die Rechtsordnung zu halten und sich für möglichst gewaltlose, friedliche Lösungen einzusetzen. Sie sollten sich engagieren für eine internationale Friedensordnung, die ihrerseits des Schutzes und der Verteidigung gegen Gewalttäter bedarf. Aufrüstung ist ein Irrweg, Abrüstung ein Gebot der Stunde. Niemand täusche sich: Es gibt kein Überleben der Menschheit ohne Weltfrieden!

C. Deshalb sollten schon junge Menschen in Familie und Schule lernen, dass Gewalt kein Mittel der Auseinandersetzung mit anderen sein darf. Nur so kann eine *Kultur der Gewaltlosigkeit* geschaffen werden.

D. Die menschliche Person ist unendlich kostbar und unbedingt zu schützen. Aber auch das *Leben der Tiere und Pflanzen,* die mit uns diesen Planeten bewohnen, verdient Schutz, Schonung und Pflege. Hemmungslose Ausbeutung der natürlichen Lebensgrundlagen, rücksichtslose Zerstörung der Biosphäre, Militarisierung des Kosmos sind Frevel. Als Menschen haben wir – gerade auch im Blick auf künftige Generationen – eine besondere Verantwortung für den Planeten Erde und den Kosmos, für Luft, Wasser und Boden. Wir *alle* sind in diesem Kosmos *miteinander verflochten* und voneinander abhängig. Jeder von uns hängt ab vom Wohl des Ganzen. Deshalb gilt: Nicht die Herrschaft des Menschen über Natur und Kosmos ist zu propagieren, sondern die Gemeinschaft mit Natur und Kosmos zu kultivieren.

E. Wahrhaft Mensch sein heißt im Geist unserer großen religiösen und ethischen Traditionen, schonungsvoll und hilfsbereit zu sein, und zwar im privaten wie im öffentlichen Leben. Niemals sollten wir rücksichtslos und brutal sein. Jedes Volk soll dem anderen, jede Rasse soll der anderen, jede Religion soll der anderen Toleranz, Respekt, gar Hochschätzung entgegenbringen. Minderheiten – sie seien rassischer, ethnischer oder religiöser Art – bedürfen unseres Schutzes und unserer Förderung.

2. *Verpflichtung auf eine Kultur der Solidarität und eine gerechte Wirtschaftsordnung*

Ungezählte Menschen bemühen sich in allen Religionen um Solidarität füreinander und um ein Leben in Arbeit und treuer Berufserfüllung. Und doch gibt es in der Welt von heute unendlich viel Hunger, Armut und Not. Schuld daran trägt nicht bloß der Einzelne. Schuld daran sind oft auch ungerechte gesellschaftliche Strukturen: Millionen von Menschen sind ohne Arbeit, Millionen werden durch schlecht bezahlte Arbeit ausgebeutet, an den Rand der Gesellschaft gedrängt und um ihre Lebenschancen gebracht. Ungeheuer sind in vielen Ländern die Unterschiede zwischen Armen und Reichen, zwischen Mächtigen und Ohnmächtigen. In einer Welt, in der sowohl ein ungezügelter

Kapitalismus als auch ein totalitärer Staatssozialismus viele ethische und spirituelle Werte ausgehöhlt und zerstört hat, konnten sich Profitgier ohne Grenzen und Raffgier ohne Hemmungen ausbreiten, aber auch ein materialistisches Anspruchsdenken, welches ständig mehr vom Staat fordert, ohne sich selber zu mehr zu verpflichten. Nicht nur in den Entwicklungsländern, auch in den Industrieländern hat sich die Korruption zu einem Krebsübel der Gesellschaft entwickelt.

A. Aus den großen alten religiösen und ethischen Traditionen der Menschheit aber vernehmen wir die Weisung: *Du sollst nicht stehlen!* Oder positiv: *Handle gerecht und fair!* Besinnen wir uns also wieder neu auf die Konsequenzen dieser uralten Weisung: Kein Mensch hat das Recht, einen anderen Menschen – in welcher Form auch immer – zu bestehlen oder sich an dessen Eigentum oder am Gemeinschaftseigentum zu vergreifen. Umgekehrt aber hat auch kein Mensch das Recht, sein Eigentum ohne Rücksicht auf die Bedürfnisse der Gesellschaft und der Erde zu gebrauchen.

B. Wo äußerste Armut herrscht, da machen sich Hilflosigkeit und Verzweiflung breit, da wird um des Überlebens willen auch immer wieder gestohlen werden. Wo Macht und Reichtum rücksichtslos angehäuft werden, da werden bei den Benachteiligten und Marginalisierten unvermeidlich Gefühle des Neides, des Ressentiments, ja des tödlichen Hasses und der Rebellion geweckt. Dies aber führt zu einem Teufelskreis von Gewalt und Gegengewalt. Niemand täusche sich: Es gibt keinen Weltfrieden ohne Weltgerechtigkeit.

C. Deshalb sollten schon junge Menschen in Familie und Schule lernen, dass Eigentum, es sei noch so wenig, verpflichtet. Sein Gebrauch soll zugleich dem Wohl der Allgemeinheit dienen. Nur so kann eine *gerechte Wirtschaftsordnung* aufgebaut werden.

D. Doch wenn sich die Lage der ärmsten Milliarde Menschen auf diesem Planeten, darunter besonders die der Frauen und Kinder, entscheidend verändern soll, so müssen die Strukturen der Weltwirtschaft gerechter gestaltet werden. Individuelle Wohltätigkeit und einzelne Hilfsprojekte, so unverzichtbar sie sind, reichen nicht aus. Es braucht die Partizipation aller Staaten und die Autorität der internationalen Organisationen, um zu einem gerechten Ausgleich zu kommen.

Die Schuldenkrise und die Armut der sich auflösenden Zweiten und erst recht der Dritten Welt müssen einer für alle Seiten tragbaren Lösung entgegengeführt werden. Gewiss: Interessenkonflikte sind auch künftig unvermeidlich. In den entwickelten Ländern ist jedenfalls zu unterscheiden zwischen einem notwendigen und einem hemmungslosen Konsum, zwischen einem sozialen und einem unsozialen Gebrauch des Eigentums, zwischen einer gerechtfertigten und einer ungerechtfertigten Nutzung der natürlichen Ressourcen, zwischen einer rein kapitalistischen und einer sozial wie ökologisch orientierten Marktwirtschaft. Auch die Entwicklungsländer bedürfen der nationalen Gewissenserforschung.

Überall gilt: Wo die Herrschenden die Beherrschten, die Institutionen die Personen, die Macht das Recht erdrücken, ist Widerstand – wo immer möglich gewaltlos – angebracht.

E. Wahrhaft menschlich sein heißt im Geist unserer großen religiösen und ethischen Traditionen das Folgende:

– Statt die wirtschaftliche und politische Macht in rücksichtslosem Kampf zur Herrschaft zu missbrauchen, ist sie zum *Dienst an den Menschen* zu gebrauchen. Wir müssen einen Geist des Mitleids mit den Leidenden entwickeln und besondere Sorge tragen für die Armen, Behinderten, Alten, Flüchtlinge, Einsamen.

– Statt eines puren Machtdenkens und einer hemmungslosen Machtpolitik soll im unvermeidlichen Wettbewerb der *gegenseitige Respekt,* der vernünftige Interessenausgleich, der Wille zur Vermittlung und zur Rücksichtnahme herrschen.

– Statt einer unstillbaren Gier nach Geld, Prestige und Konsum ist wieder neu der *Sinn für Maß und Bescheidenheit* zu finden! Denn der Mensch der Gier verliert seine „Seele", seine Freiheit, seine Gelassenheit, seinen inneren Frieden und somit das, was ihn zum Menschen macht.

3. Verpflichtung auf eine Kultur der Toleranz und ein Leben in Wahrhaftigkeit

Ungezählte Menschen in allen Regionen und Religionen bemühen sich auch in unserer Zeit um ein Leben in Ehrlichkeit und Wahrhaftigkeit. Und doch gibt es in der Welt von heute unendlich viel Lug und Trug, Schwindel und Heuchelei, Ideologie und Demagogie:

- Politiker und Geschäftsleute, welche die Lüge als Mittel der Politik und des Erfolges benützen;
- Massenmedien, die statt wahrhaftiger Berichterstattung ideologische Propaganda, die statt Information Desinformation verbreiten, die statt der Wahrheitstreue ein zynisches Verkaufsinteresse verfolgen;
- Wissenschaftler und Forscher, die sich moralisch fragwürdigen ideologischen oder politischen Programmen oder auch wirtschaftlichen Interessengruppen ausliefern sowie Forschungen rechtfertigen, welche die sittlichen Grundwerte verletzen;
- Repräsentanten von Religionen, die Menschen anderer Religionen als minderwertig abqualifizieren und die Fanatismus und Intoleranz statt Respekt, Verständigung und Toleranz verkünden.

A. Aus den großen alten religiösen und ethischen Traditionen der Menschheit aber vernehmen wir die Weisung:

Du sollst nicht lügen! Oder positiv: *Rede und handle wahrhaftig!* Besinnen wir uns also wieder neu auf die Konsequenzen dieser uralten Weisung: Kein Mensch und keine Institution, kein Staat und auch keine Kirche oder Religionsgemeinschaft hat das Recht, den Menschen die Unwahrheit zu sagen.

B. Dies gilt besonders:

– Für die *Massenmedien,* denen zu Recht die Freiheit der Berichterstattung zur Wahrheitsfindung garantiert ist und denen damit in jeder Gesellschaft ein Wächteramt zukommt: Sie stehen nicht über der Moral, sondern bleiben in Sachlichkeit und Fairness der Menschenwürde, den Menschenrechten und den Grundwerten verpflichtet. Sie haben kein Recht auf Verletzung der Privatsphäre von Menschen, auf Verzerrung der Wirklichkeit und auf Manipulation der öffentlichen Meinung.

– Für *Kunst, Literatur und Wissenschaft,* denen zu Recht künstlerische und akademische Freiheit garantiert sind: Sie sind nicht entbunden von allgemeinen ethischen Maßstäben, sondern sollen der Wahrheit dienen.

– Für die *Politiker und die politischen Parteien:* Wenn sie ihr Volk ins Angesicht belügen, wenn sie sich der Manipulation von Wahrheit, der Bestechlichkeit oder einer rücksichtslosen Machtpolitik im Inneren wie im Äußeren schuldig machen, haben sie ihre Glaubwürdigkeit verspielt und verdienen den Verlust ihrer Ämter und ihrer Wähler. Umgekehrt sollte die öffentliche Meinung diejenigen Politiker unterstützen, die es wagen, dem Volk jederzeit die Wahrheit zu sagen.

– Für die *Repräsentanten von Religionen* schließlich: Wenn sie Vorurteile, Hass und Feindschaft gegenüber Andersgläubigen schüren, wenn sie Fanatismus predigen oder gar Glaubenskriege initiieren oder legitimieren, verdienen sie die Verurteilung der Menschen und den Verlust ihrer Gefolgschaft.

Niemand täusche sich: Es gibt keine Weltgerechtigkeit ohne Wahrhaftigkeit und Menschlichkeit!

C. Deshalb sollten schon junge Menschen in Familie und Schule lernen, *Wahrhaftigkeit* in Denken, Reden und Tun einzuüben. Jeder Mensch hat ein Recht auf Wahrheit und Wahrhaftigkeit. Er hat das Recht auf die notwendige Information und Bildung, um die für sein Leben grundlegenden Entscheidungen treffen zu können. Ohne eine ethische Grundorientierung freilich vermag er kaum das Wichtige vom Unwichtigen zu unterscheiden. Bei der heutigen täglichen Flut von Informationen sind ethische Maßstäbe eine Hilfe, wenn Tatsachen verdreht, Interessen verschleiert, Tendenzen hofiert und Meinungen verabsolutiert werden.

D. Wahrhaft Mensch sein heißt im Geist unserer großen religiösen und ethischen Traditionen das Folgende:
– Statt Freiheit mit Willkür und Pluralismus mit Beliebigkeit zu verwechseln, der *Wahrheit Geltung zu verschaffen*;
– statt in Unehrlichkeit, Verstellung und opportunistischer Anpassung zu leben, den *Geist der Wahrhaftigkeit* auch in den alltäglichen Beziehungen zwischen Mensch und Mensch zu pflegen;
– statt ideologische oder parteiische Halbwahrheiten zu verbreiten, in unbestechlicher Wahrhaftigkeit die *Wahrheit immer neu zu suchen*;
– Statt einem Opportunismus zu huldigen, in *Verlässlichkeit* und *Stetigkeit* der einmal erkannten *Wahrheit zu dienen*.

4. *Verpflichtung auf eine Kultur der Gleichberechtigung und der Partnerschaft von Mann und Frau*

Ungezählte Menschen bemühen sich in allen Regionen und Religionen um ein Leben im Geiste der Partnerschaft von Mann und Frau, um ein verantwortliches Handeln im Bereich von Liebe, Sexualität und Familie. Dennoch gibt es überall auf der Welt verdammenswerte Formen des Patriarchalismus, der Vorherrschaft des einen Geschlechts über das andere, der Ausbeutung von Frauen, des sexuellen Missbrauchs von Kindern sowie der erzwungenen Prostitution. Die sozialen Unterschiede auf dieser Erde führen nicht selten dazu, dass insbesondere Frauen und sogar Kinder aus den weniger entwickelten Ländern sich gezwungen sehen, Prostitution als Mittel des Überlebenskampfes einzusetzen.

A. Aus den großen alten religiösen und ethischen Traditionen der Menschheit aber vernehmen wir die Weisung: *Du sollst nicht Unzucht treiben!* Oder positiv: *Achtet und liebet einander!* Besinnen wir uns also wieder neu auf die Konsequenzen dieser uralten Weisung: Kein Mensch hat das Recht, einen anderen zum bloßen Objekt seiner Sexualität zu erniedrigen, ihn in sexuelle Abhängigkeit zu bringen oder zu halten.

B. Wir verurteilen sexuelle Ausbeutung und Geschlechterdiskriminierung als eine der schlimmsten Formen der Entwürdigung des Menschen. Wo immer – gar im Namen einer religiösen Überzeugung – die Herrschaft eines Geschlechts über das andere gepredigt und sexuelle Ausbeutung toleriert, wo immer Prostitution gefördert wird oder Kinder missbraucht werden, da ist Widerstand geboten. Niemand täusche sich: Es gibt keine wahre Menschlichkeit ohne partnerschaftliches Zusammenleben!

C. Deshalb sollten schon junge Menschen in Familie und Schule lernen, dass Sexualität grundsätzlich keine negativ-zerstörende oder ausbeuterische, sondern eine schöpferisch-gestaltende Kraft ist. Sie hat die Funktion einer lebensbejahenden Gemeinschaftsbildung und kann sich nur entfalten, wenn sie in Verantwortung für das Glück auch des Partners gelebt wird.

D. Die Beziehung zwischen Mann und Frau sollte nicht durch Bevormundung oder Ausbeutung bestimmt sein, sondern durch Liebe, Partnerschaftlichkeit und Verlässlichkeit. Menschliche Erfüllung ist nicht mit sexueller Lust identisch. Sexualität soll Ausdruck und Bestätigung einer partnerschaftlich gelebten Liebesbeziehung sein. Manche religiöse Traditionen kennen auch das Ideal des freiwilligen Verzichts auf die Entfaltung der Sexualität. Auch freiwilliger Verzicht kann Ausdruck von Identität und Sinnerfüllung sein.

E. Die gesellschaftliche Institution Ehe ist bei allen kulturellen und religiösen Verschiedenheiten durch Liebe, Treue und Dauerhaftigkeit gekennzeichnet. Sie will und soll Männern, Frauen und Kindern Geborgenheit und gegenseitige Unterstützung garantieren sowie ihre Rechte sichern. In allen Ländern und Kulturen soll auf ökonomische und gesellschaftliche Verhältnisse hingearbeitet werden, die eine menschenwürdige Existenz von Ehe und Familie und vor allem auch der alten Menschen ermöglichen. Kinder haben ein Recht auf Bildung. Weder sollen die Eltern die Kinder noch die Kinder die Eltern ausnützen; ihr Verhältnis soll vielmehr von gegenseitiger Achtung, Anerkennung und Fürsorge getragen sein.

F. Wahrhaft Mensch sein heißt im Geiste unserer großen religiösen und ethischen Traditionen das Folgende:
– statt patriarchaler Beherrschung oder Entwürdigung, die Ausdruck von Gewalt sind und oft Gegengewalt erzeugen, gegenseitige Achtung, Verständnis, *Partnerschaftlichkeit;*
– statt jeglicher Form von sexueller Besitzgier oder sexuellem Missbrauch gegenseitige Rücksicht, Toleranz, Versöhnungsbereitschaft, *Liebe.*
Auf der Ebene der Nationen und Religionen kann nur praktiziert werden, was auf der Ebene der persönlichen und familiären Beziehungen bereits gelebt wird.

IV. Wandel des Bewusstseins

Alle gesellschaftlichen Erfahrungen zeigen es: Unsere Erde kann nicht verändert werden, ohne dass ein Wandel des Bewusstseins beim Einzelnen und der Öffentlichkeit erreicht wird. Dies hat sich in Fragen wie Krieg und Frieden, Ökonomie oder Ökologie bereits gezeigt, wo in den letzten Jahrzehnten grundlegende Veränderungen erreicht wurden. Diese müssen auch im Hinblick auf das Ethos erreicht werden! Jeder Einzelne hat nicht nur eine unverletzliche Würde und unveräußerliche Rechte; er hat auch eine unabweisbare Verantwortung für das, was er tut und nicht tut. Alle unsere Entscheidungen und Taten, auch unser Versagen und Scheitern haben Konsequenzen.

Diese Verantwortung wach zu halten, zu vertiefen und an künftige Generationen weiter zu geben ist die besondere Aufgabe der Religionen. Dabei bleiben wir realistisch in Bezug auf das in diesem Konsens Erreichte und dringen darauf, das Folgende zu beachten:

1. Ein universaler Konsens für *viele umstrittene ethische Einzelfragen* (von der Bio- und Sexualethik über Medien- und Wissenschaftsethik bis zur Wirtschafts- und Staatsethik) ist schwierig. Doch im Geist der hier entwickelten gemeinsamen Grundsätze sollten sich auch für viele bisher umstrittene Fragen sachgerechte Lösungen finden lassen.

2. In vielen Lebensbereichen ist bereits ein neues Bewusstsein für ethische Verantwortung erwacht. Wir begrüßen es deshalb, wenn für möglichst viele *Berufsklassen* wie zum Beispiel Ärzte, Wissenschaftler, Geschäftsleute, Journalisten, Politiker zeitgemäße *Ethikcodes* ausgearbeitet werden, die konkretere Richtlinien bieten für die brisanten Fragen ihres jeweiligen Berufsstandes.

3. Vor allem drängen wir die *einzelnen Glaubensgemeinschaften,* ihr ganz *spezifisches Ethos* zu formulieren: Was hat jede Glaubenstradition zu sagen etwa über den Sinn

von Leben und Sterben, über das Durchstehen von Leid und die Vergebung von Schuld, über die selbstlose Hingabe und die Notwendigkeit von Verzicht, über Mitleid und Freude. Dies alles wird das schon jetzt erkennbare Weltethos vertiefen, spezifizieren und konkretisieren.

Zum Schluss appellieren wir an alle Bewohner dieses Planeten: Unsere Erde kann nicht zum Besseren verändert werden, ohne dass das Bewusstsein des Einzelnen geändert wird. Wir plädieren für einen individuellen und kollektiven Bewusstseinswandel, für ein Erwecken unserer spirituellen Kräfte durch Reflexion, Meditation, Gebet und positives Denken, für eine *Umkehr der Herzen.* Gemeinsam können wir Berge versetzen! Ohne Risiko und Opferbereitschaft gibt es keine grundlegende Veränderung unserer Situation! Deshalb verpflichten wir uns auf ein gemeinsames Weltethos: auf ein besseres gegenseitiges Verstehen sowie auf sozialverträgliche, friedensfördernde und naturfreundliche Lebensformen.

Wir laden alle Menschen, ob religiös oder nicht, ein, dasselbe zu tun!

Religion und Gesellschaft

Georg Picht
Das richtige Maß finden
Der Weg der Menschen ins 21. Jahrhundert
Vorwort von Carl Friedrich von Weizsäcker
Band 5122

Der Mensch ist nicht länger das Maß aller Dinge: Das 20. Jahrhundert
hat dies gezeigt. Die scharfsichtige Analyse und klaren Perspektiven
eines ökologischen Vordenkers.

Hans Maier
Welt ohne Christentum – was wäre anders?
Band 4945

Vor nahezu 2000 Jahren kam das Christentum in die Welt.
Es hat die Gesellschaften des Abendlands geprägt. Welche Rolle wird es
in Zukunft spielen?

Hans Maier
Politische Religionen
Die totalitären Regime und das Christentum
Band 4414

Die Geschichte des 20. Jahrhunderts zeigt: Politik und Religion gingen eine
gefährliche Verbindung ein. Welche Konsequenzen ergeben sich daraus?

Karl Lehmann
Es ist Zeit, an Gott zu denken
Ein Gespräch mit Jürgen Hoeren
Band 5054

Jürgen Hoeren stellt im Gespräch hartnäckig die Frage nach dem
archimedischen Punkt des Christseins.

Thea Bauriedl
Leben in Beziehungen
Von der Notwendigkeit, Grenzen zu finden
Band 4483

Ein Buch, das klarmacht, wo die Bedingungen und Möglichkeiten
liegen, Beziehungen von Anfang an zu pflegen und zu verbessern.

HERDER spektrum

Eugen Drewermann
Die Spirale der Angst
Der Krieg und das Christentum
Band 4003
Ein Buch für eine neue Qualität des Zusammenlebens in Politik,
Gesellschaft und Religion.

Amitai Etzioni
Jeder nur sich selbst der Nächste?
In der Erziehung Werte vermitteln
Band 5146
Der Gründer des Kommunitarismus macht deutlich: Die Charakter-
bildung unserer Kinder geht uns alle an.

Ernst Peter Fischer
An den Grenzen des Denkens
Wolfgang Pauli – ein Nobelpreisträger über die
Nachtseiten der Wissenschaft
Band 4842
Wolfgang Pauli: träumender Physiker und kritischer Humanist.
Ein spannendes Porträt und wertvolle Impulse.

Franz-Xaver Kaufmann
Wie überlebt das Christentum?
Band 4830
Spiritualität: vielleicht – Christentum: nein danke! – Das ist der
Trend. In welcher Gestalt und unter welchen Voraussetzungen hat
Christentum Zukunft?

Jörg Zink
Die eine Kirche, wann endlich?
Band 5251
Die Konfessionen sterben ab. Jörg Zink zieht Bilanz und entwickelt
Visionen für eine gemeinsame Zukunft.

HERDER spektrum